会社別就活ハンドブックシリーズ

2025

KDDIの
就活ハンドブック

就職活動研究会 編
JOB HUNTING BOOK

はじめに

　2021年春の採用から，1953年以来続いてきた，経団連（日本経済団体連合会）の加盟企業を中心にした「就活に関するさまざまな規定事項」の規定が，事実上廃止されました。それまで卒業・修了年度に入る直前の3月以降になり，面接などの選考は6月であったものが，学生と企業の双方が活動を本格化させる時期が大幅にはやまることになりました。この動きは2022年春そして2023年春へと続いております。

　また新型コロナウイルス感染者の増加を受け，新卒採用の活動に対してオンラインによる説明会や選考を導入した企業が急速に増加しました。採用環境が大きく変化したことにより，どのような場面でも対応できる柔軟性，また非接触による仕事の増加により，傾聴力というものが新たに求められるようになりました。

　『会社別就職ハンドブックシリーズ』は，いわゆる「就活生向け人気企業ランキング」を中心に，当社が独自にセレクトした上場している一流・優良企業の就活対策本です。面接で聞かれた質問にはじまり，業界の最新情報，さらには上場企業の株主向け公開情報である有価証券報告書の分析など，企業の多角的な判断・研究材料をふんだんに盛り込みました。加えて，地方の優良といわれている企業もラインナップしています。

　思い込みや憧れだけをもってやみくもに受けるのではなく，必要な情報を収集し，冷静に対象企業を分析し，エントリーシート作成やそれに続く面接試験に臨んでいただければと思います。本書が，その一助となれば幸いです。

　この本を手に取られた方が，志望企業の内定を得て，輝かしい社会人生活のスタートを切っていただけるよう，心より祈念いたします。

就職活動研究会

Contents

第1章

KDDIの会社概況

会社によって選考方法は千差万別。面接で問われる内容や採用スケジュールもバラバラだ。採用試験ひとつとってみても，その会社の社風が表れていると言っていいだろう。ここでは募集要項や面接内容について過去の事例を収録している。

また，志望する会社を数字の面からも多角的に研究することを心がけたい。

✔ 企業理念

■トップメッセージ

私たちは,世のため人のために役立つ事業を行っていくことを経営の方針とし,社是に「心を高める」と掲げています。

企業理念は,私たちの使命を表したものであり,KDDIフィロソフィは,企業理念に謳われた使命を果たしていくために,私たちが持つべき考え方,価値観,行動規範です。

私たちは,心をひとつにして,これらを共有し実践していくことにより,お客さまに感動をお届けし,コミュニケーションを基盤とする豊かな社会の実現へ全力を尽くしていきます。

■社是

「心を高める」〜動機善なりや,私心なかりしか〜

■企業理念

KDDIグループは,全従業員の物心両面の幸福を追求すると同時に,お客さまの期待を超える感動をお届けすることにより,豊かなコミュニケーション社会の発展に貢献します。

✔ 会社データ

創業	1984年 (昭和59年) 6月1日
事業内容	電気通信事業
本社所在地	東京都千代田区飯田橋3丁目10番10号ガーデンエアタワー
本店所在地	東京都新宿区西新宿2丁目3番2号
電話番号	03-3347-0077 (本社代表) (有料)
代表取締役社長	髙橋 誠
資本金	141,852百万円
社員数	49,659名 (連結ベース) ※2023年3月31日現在

✔ 先輩社員の声

【アカウントコンサル (法人営業) ／ 2017 年入社】
キャリアについて聞かせてください。

初期配属時より、外資系企業向けの営業を担当しています。具体的には、モバイル、ネットワーク、クラウド、データセンターを初めとしたソリューションのご提供です。1年目より、多くのお客さまをご担当させて頂き、頼れる上司・先輩の手を借りながら、多くの商材を提案する日々を送ってきました。2 年目では、お客さまの「働き方改革」を実現すべく、ネットワーク、クラウド、ハードウエアの刷新のご提案から開通と納品まで担当しました。

今年は 4 年目で、大規模なデータセンタープロジェクトの主担当を任されており、KDDI 社内の技術・企画関係部門の担当者と共に、週次で海外のお客さまとの定例会を行っています。営業として、お客さまのご要望を最大限実現することを常に意識しています。従来のネットワークなどの商材のほか、DX(デジタルトランスフォーメーション) 商材の提供など、KDDI の強みを生かしながらお客さまのビジネス拡大に貢献できる提案も行っています。

プロジェクトや普段の仕事で成長した点を教えてください。

営業担当として、商談を分析しマネジメントできる力がついたと感じます。

3 年目を迎えた 2019 年夏、担当させて頂いているお客さまから大規模なデータセンター案件のご提案機会を頂きました。何度も自分なりの分析を行い、お客さまの課題事項も細かくヒアリングさせて頂きました。また、社内の多くの方々の協力もあり、ご成約に繋がりました。

入社当初と比較して、お客さまのことを考える時間が格段に増え、それぞれのお客さまが持つご要望に合致する提案をすることで、結果的にご満足頂けることが多くなりました。今後もお客さまや各商談に対して、自分なりの視座を持ち実行力を磨く事で貢献したいです。

今後挑戦しようとしていることは何ですか？

現在、各商材を個別に売る観点から、5G・IOT・AI など KDDI のリソースを使ってお客さまの事業拡大にいかに貢献するかという観点に法人営業の役割が移行しつつあると考えています。そのため、お客さまと共にビジネスをデザインする能力が必要だと考えており、お客さま自体や業界への知識を深めることはもちろんのこと、今後は社内外のセミナーに積極的に参加し、お客さまが普段関わりのないアイデア・知識・リソースを持ち、共創をテーマにお客さま事業への貢献に挑戦したいです。

またもともと抱いていた KDDI への志望動機は、『世界中の人々の生活を通信によって、豊かにすること』で、各国において 5G などを利用したビジネスが拡大することで、人々の生活の質向上に繋がると考えています。そのため日本国内での経験や成功事例を持って、各国において最新技術を用いたビジネスの拡大に貢献し、世界の人々の生活の質向上に寄与したいです。

【サービス企画・マーケティング／ 2012 年入社】

キャリアについて聞かせてください。

入社後、コンシューマ事業本部で代理店営業を 5 年半、海外トレーニーで法人営業を 2 年、現部署で IoT サービス企画を 1 年経験しました。

コンシューマ事業本部では au ショップの営業担当として店長やスタッフと各商材の販売方法やイベント等について検討し、その後の代理店本部担当の際には経営層の方々と人材配置、在庫、店舗改装、移転など、ヒト・モノ・カネに関する商談を行い、双方の成長につながるよう取り組みました。

海外トレーニー時代には 2 年間中国・北京で日系法人様向けにネットワーク更改やサーバー、PC の導入保守、お客さまの業務課題解決には RPA 導入といった幅広いソリューションを現地でお客さまや各パートナーと関係構築を図りながら新規営業を行いました。

現在、お客さまの IoT グローバル展開を推進する「IoT 世界基盤」という新たなビジネスに向けて、社外パートナーさま、海外現地法人、社内各部署と連携しながらサービスの企画、体制づくりを進めております。

プロジェクトや普段の仕事で成長した点を教えてください。

私は中国での 2 年間で新境地に立つこと、何事にもしつこく向き合うことを学びました。渡航前は法人営業の仕方も商材も何一つ知らず、また知っている中国語も「ニーハオ」「シェイシェイ」等非常に簡単なものだけで、当初はコミュニケーションもままならないという状況でした。

ある日同僚と進めていたネットワーク更改案件でうまくお客さまの拠点の環境が切り替わらず、原因分析のためにに長時間一緒に対応することがありました。この時に私は同僚の諦めることなく、やりきるまでしつこく向き合う姿勢に心打たれました。私も営業として色んなアプローチで新規営業を行い、また中国人エンジニア、現地パートナーとは上手とは言えない中国語でどのような提案をしたいかを議論を重ね、関係構築することで、新規の大手顧客へ提案から受注に至ることができて、自信に繋がりました。

今後挑戦しようとしていることは何ですか？

現在、海外での IoT 展開という当社として新たな挑戦に対して、日々グループメンバーと奮闘しております。ひとえに IoT といっても広義であり、どの業界の、どんな課題をお持ちのお客さまへどういった部分でソリューションを提供できるのか、まだお客さまも気づかれていない潜在的な部分にどうアプローチすべきか等、検討すべきことは山積です。検討を進める上でも他サービスとのコラボレーションが重要だと考えており、今後連携の余地が大きいクラウドや AI といったサービスの理解や、海外キャリアはじめ海外の関係者との調整など自身にとって経験がない分野においても、新たな取り組みに対してどんどん挑戦していきたいと思っています。

【ソリューションエンジニア／ 2020 年入社】
キャリアについて聞かせてください。
2020 年に KDDI へ新卒入社し、現在まで SE 業務に従事しています。
入社後の 6 ヶ月間はネットワーク基礎などの研修を受け、その後、現在のグループ
に本配属となりました。
私のグループでは外資金融業界の企業をお客さまとしており、その中でも私は複数社
の案件を担当しながら、お客さまの最適な社内ネットワークを検討し、提案から構築
までを行うことをミッションとしています。
また、プロジェクトリーダーとして、社内メンバーやパートナー企業の取りまとめを
行い、プロジェクトを推進する役割も担っています。

プロジェクトや普段の仕事で成長した点を教えてください。
特に成長したと感じているのは、コミュニケーション力と技術力です。
コミュニケーション力の観点では、入社当時はメールを一通出すのにも、資料に自分
の考えを書くのにもとても苦労していたのですが、先輩の指導も受けながら、お客さ
まやパートナー企業とのやりとりを行う中で、「端的に正確に伝える力」を身につけ
てこられたように感じています。
また、技術力の観点では、プロジェクトを進める中で、わからないことや困ったこと
はすぐに調べ、周りの詳しい方に聞くことで知識を増やしてきました。
その結果、技術的な説明を自分の言葉でお客さまにもお伝えできるようになったこと
は、大きな成長だと思っています。

今後挑戦しようとしていることは何ですか？
人財育成にチャレンジしたいです。背景にあるのは、大学時代の学習塾でのアルバイ
ト経験。
自身の指導によって生徒の成績が伸びることに喜びを覚えていたこともあって、将来
的には人財育成に携われる部署で働いてみたいと考えています。もちろん、人に何か
を教えるためには自分自身のスキルアップが必要不可欠ですので、まずはいま任せて
いただいている業務をひとつずつこなしながら、SE として技術力を着実に伸ばして
いきたいと考えています。

✔ 募集要項

募集要件	既卒者も応募できます。就業経験は問いません。 2025年3月までに大学、大学院、高専を卒業（見込み）もしくは修了（見込み）の方。 ※高専専攻科卒業（見込み）の方は、入社までに独立行政法人 大学評価・学位授与機構より学士の学位を得ることが必須です。
初任給	月給：270,000円〜 ※卒業学位による差はありません　※高度なスキル・専門性を所有し、入社後の業務にて発揮が期待される場合は個別に設定
諸手当	時間外勤務手当、通勤手当など
昇給	年1回（4月）
賞与	年2回（6月，12月）
諸手当	時間外勤務手当、休日勤務手当、深夜勤務手当、通勤手当など
勤務地	全国各事業所（海外勤務あり）
勤務時間	9：00〜17：30（うち1時間休憩） 所属部門により、フレックスタイム制勤務（コアタイムなし）、裁量労働制勤務、変形労働制勤務、交替勤務あり
休日	完全週休2日制（土日祝・年末年始） ※部署/業務性質によってはこの限りではない
休暇・休職	年次有給休暇上限20日　※新卒入社初年度15日 特別休暇（弔事、結婚、出産、子の看護など） 育児・介護休職　など
福利厚生	保険：健康保険、厚生年金保険、雇用保険、労災保険など 財産形成：各種財形貯蓄制度、社員持株会 共済会：KDDIグループ共済会（相互援助給付、生活支援制度、団体保険、団体扱い生命保険、各スポーツクラブ、ゴルフ場、百貨店優待、テーマパーク・リゾート施設利用割引など） 住宅関連：提携住宅ローン、社宅（当社規定の条件を満たす場合） 保養施設：全国約75カ所の契約保養所、ベネフィットステーション

[OPEN コース] 技術系

応募要件	KDDI新卒採用の応募資格に該当し、KDDIの技術系部門 (ネットワークインフラ、ソリューションエンジニア、その他の企画・開発等) で経験を積みたい方
初期配属時の業務	スキルや経験、志向、適性を踏まえ、配属部門を決定します。

[OPEN コース] 業務系

応募要件	KDDI新卒採用の応募資格に該当し、KDDIの業務系部門 (コンシューマ営業、法人営業、カスタマーサービス、企画・マーケティング、管理等) で経験を積みたい方
初期配属時の業務	スキルや経験、志向、適性を踏まえ、配属部門を決定します。

[WILL コース] ネットワークインフラエンジニア

応募要件	KDDI新卒採用の応募資格に該当し、下記いずれかに該当するスキル・経験を有し、エンジニアとしてネットワークの開発、保守、運用、研究等の業務に就きたい方 ●通信系に関する研究に従事し、卒業・修了する予定の学士 (または高専専攻科)・修士または博士 ●ネットワーク機器を扱う企業・団体でネットワークエンジニアとして業務経験を有する方 ●ネットワーク関連の資格を有する方
初期配属時の業務	●技術企画・技術開発　●ネットワーク支援システム開発 ●ネットワークエンジニア　●R&D

[WILL コース] ソリューションエンジニア

応募要件	KDDI新卒採用の応募資格に該当し、下記いずれかに該当するスキル・経験を有し、「自身の技術」と「社内外の資源」を効果的に複合させながらチームでお客様の課題解決を行うソリューションエンジニアを目指す方 ●通信系・情報系に関する研究に従事し、卒業・修了する予定の学士・修士 ●システム・ソフトウェア・企業ネットワーク等の企画開発経験を有する方 (個人的活動含む) ●IT関連の資格を有する方
初期配属時の業務	●法人顧客向けソリューションエンジニア (SE)

［WILL コース］IT エンジニア：アプリケーションエンジニア

応募要件	KDDI新卒採用の応募資格に該当し、下記いずれかに該当するスキル・経験を有し、エンジニアとしてアプリケーションの開発、保守、運用、研究等の業務に就きたい方 ●IT系に関する研究に従事し、卒業・修了する予定の学士・修士または博士 ●企業、非営利団体でエンジニアとしての業務経験を有する方 ●ものづくりやコーディングが好きでシステム開発やソフトウェア開発の経験を有する方(個人的活動含む) ●情報処理関連の資格を有する方 ●AWSなどのクラウドを使って、システム開発した経験を有する方
初期配属時の業務	●アプリケーションエンジニア　●ソフトウェアエンジニア ●クラウドエンジニア　●SRE ●プログラミング(アジャイル開発) ●サーバ・アプリケーション保守・運用　●R&D

［WILL コース］IT エンジニア：プロダクトマネジメント

応募要件	KDDI新卒採用の応募資格に該当し、下記いずれかに該当するスキル・経験を有し、エンジニアとして主にシステム開発の上流工程の業務に携わりたい方 ●IT系に関する研究に従事し、卒業・修了する予定の学士・修士 ●企業、非営利団体でエンジニアとしての業務経験を有する方 ●システムやソフトウェア開発の経験を有する方(個人的活動含む) ●情報処理関連の資格を有する方
初期配属時の業務	●システム企画・要件定義　●プロダクトマネジメント ●クラウド基盤構築　●サーバ・アプリケーション保守・運用

［WILL コース］UX デザイン

応募要件	KDDI 新卒採用の応募資格に該当し、下記いずれかに該当するスキル・経験を有し、デザイナーとしてサービスや商品に関わるデザインの業務に就きたい方 ●UX デザイン、サービスデザインに関する分野を専門的に学び、デザインプロセスを理解している方 ●自分の考えや意見を言語化または図式化し、共感力と想像力をもって周囲と協力して取り組める方 ●ビジネス・戦略を踏まえ、デザインの方向性を定義し、設計することに興味がある方 ●デザインでサービスを良くしていきたいというマインドを持っている方 ●デザインでサービス・組織・文化を良くしていきたいというマインドを持っている方 ●デザインに限らず、技術スキル向上に積極的である方
初期配属時の業務	●ユーザーリサーチ　●コンセプトデザイン　●情報設計 ●プロトタイプ　●ユーザーテスト

［WILL コース］セキュリティ

応募要件	KDDI 新卒採用の応募資格に該当し、下記いずれかに該当するスキル・経験を有し、エンジニアとしてセキュリティの研究・開発、構築・保全や運用または上流工程におけるセキュリティデザイン等の業務に就きたい方 ●セキュリティに関する研究に従事し、卒業・修了する予定の学士・修士または博士 ●企業・団体でセキュリティ関連の業務経験を有する方
初期配属時の業務	●セキュリティエンジニア　●セキュリティデザイナー ●R&D

［WILL コース］データサイエンス

応募要件	KDDI新卒採用の応募資格に該当し、下記いずれかに該当するスキル・経験を有し、研究開発や、データ分析や生成AIを用いた企画・マーケティング・通信エリア品質向上・通信ネットワーク最適化/自動制御等の業務に就きたい方 ●専攻問わず、データ分析の知識・経験を有する方 ●データ分析コンペに出場経験を有する方 ●研究でデータ分析アルゴリズムの考案や改良の経験を有する方 ●ビッグデータ分析基盤の構築・運用経験を有する方 ●生成AI活用のためのデータ前処理および利用データに合わせたモデルのトレーニング経験を有する方
初期配属時の業務	●データコンサルタント ●データサイエンティスト（ビジネス・エンジニア） ●AIエンジニア　●データアーキテクト　●R&D

［WILL コース］ファシリティ

応募要件	KDDI新卒採用の応募資格に該当し、下記いずれかに該当するスキル・経験を有し、エンジニアとして、国内・国外※のKDDIファシリティの建設計画、設備建設、保守保全業務に就きたい方（※初期配属は国内に限定） ●電気/機械工学を専攻し、電力システム、冷却システムへの専門性を有する方 ●土木・建築を専攻し、建築計画・構造力学・環境設備分野への専門性を有する方 ●自然エネルギー、再生エネルギーや省エネルギー化を実現するための先進技術についての専門性を有する方
初期配属時の業務	●国内データセンター/通信局舎業務 　－ファシリティ（建設、電力、空調）の構築及び運用に関する企画、計画業務 　－ファシリティの設計・運用業務 ●海外データセンターへの技術支援業務

[WILL コース] リーガル＆ライセンス

応募要件	KDDI新卒採用の応募資格に該当し、下記いずれかに該当するスキル・経験を有し、法務・知的財産の観点から、KDDIグループの最先端のテクノロジー分野・幅広い事業領域における経営施策を意欲的に実現したい方 ●司法修習生(第77期予定者)または法学系の学科を専攻した学士・修士の方で、企業法務・知財に関心があり、また組織で働くことにも関心がある方 ●知的財産系または電気・通信・情報系の学科を専攻した学士・修士の方で、企業知財に関心があり、また組織で働くことにも関心がある方
初期配属時の業務	●法務　●知的財産

[WILL コース] アカウンティング＆ファイナンス

応募要件	KDDI新卒採用の応募資格に該当し、下記いずれかに該当するスキル・経験を有し、財務会計分野の業務に就きたい方 ●国内外の会計系の学科を専攻した学士または修士 ●専攻を問わず、日商簿記1級、日商簿記2級、公認会計士2次試験、税理士資格科目合格、米国公認会計士、証券アナリスト等の財務会計系のいずれか資格を有する方もしくはチャレンジ中の方
初期配属時の業務	●財務　●経理　●税務　●管理会計 ●経理シェアードサービス　●会計DXに向けたデジタル化推進

[WILL コース] ビジネスインキュベーション

応募要件	KDDI新卒採用の応募資格に該当し、下記いずれかに該当するスキル・経験を有し、新規事業企画・推進業務に就きたい方 ●ベンチャー企業でのインターン経験を有する方 ●その他大企業・ベンチャーキャピタルでのインターン経験を有する方 ●ビジネスコンテストやアイデアソンでの入賞経験を有する方 ●エンターテインメント(音楽、スポーツ)への関心がある方 ●XR(メタバース)やブロックチェーン、AI、宇宙等の先端技術系への興味や専門性を有する方

初期配属時の業務	〜 日本で１番のチーム(イノベーティブ大企業ランキング６年連続１位)で共に未来を創りませんか 〜 ●オープンイノベーション(スタートアップ投資/アライアンス)を通じた新規事業・サービスの企画推進 ●事業例：KDDI∞Labo、ファンド運営、宇宙、AI、ドローン、モビリティ、スポーツ、αU（メタバース・Web3）・povoによるクリエイターエコノミー拡大、メディア等 ※事業は変更になる可能性がございます

[WILL コース] アカウントコンサル（法人営業）

応募要件	KDDI新卒採用の応募資格に該当し、下記いずれかに該当するスキル・経験を有し、営業の業務に就きたい方 ●法人のお客さまの課題に共感し、お客さまのビジネスをデジタルで変革することに興味・関心のある方 ●デジタルの力で社会課題を解決することに興味・関心のある方 ●法人のお客さまへのコンサルティング提案や共創、およびパートナー企業との協業提案に興味・関心がある方
初期配属時の業務	●法人営業

[WILL コース] パートナーコンサル (コンシューマ営業)

応募要件	KDDI新卒採用の応募資格に該当し、下記いずれかに該当し、「企業の中心事業に携わり、売上利益に貢献してみたい」、「コンサルティングの経験を通じてビジネス基礎力を養い、市場価値の高い人財になりたい」と考えている方 ●パートナーさまへのコンサルティングに興味・関心がある方本質的な課題を見抜く「論理的思考力」や「分析力」を行使し、 ●チームで協力しながら課題解決を行いたい方 ●パートナーさまの経営層と相対し、「交渉力」や「影響力」を身に付けたい方 ●地域自治体との連携を通じて、デジタルデバイド解消・地域共創に取り組みたい方
初期配属時の業務	●パートナーコンサル パートナーさまおよび当社の売上・利益向上に向けて、核となる通信サービスおよび注力領域サービスを通じてパートナーさまが抱える課題/ニーズを把握し、解決に向けたコンサルティングを行う。

［WILL コース］カスタマーサービス

応募要件	KDDI 新卒採用の応募資格に該当し、下記いずれかに該当するスキル・経験を有し、カスタマーサービスの業務に就きたい方 ●お客さまの声に寄り添い、お客さま視点でサービスの改善等を行いたい方 ●お困りごとの解決やよりよいご提案など人の役に立つ仕事に関心がある方 ●生成 AI などの新技術を活用したお客さまとのコミュニケーションに興味・関心がある方 ●データ分析から企画・立案・実行まで一連の業務プロセスに取り組みたい方 ●チームワークを重視し、信頼できる仲間と協力して働きたい方
初期配属時の業務	●カスタマーサービス ●ビリングサービス コンシューマ向け商材において、お客さまからのお問合せに対応するコンタクトセンター／ビリングサービスの運営を行う。また、お客さまのご意見ご要望を真摯に受け止め、社内発信しサービスの改善を実施する。

✔ 採用の流れ （出典：東洋経済新報社『就職四季報』）

エントリーの時期	【総・技】3月～継続中
採用プロセス	【総】説明会（12月頃～）→本エントリー（基本情報登録・WebES提出・Webテスト・履修履歴提出，1月後半～）→書類選考→面接（3回）→内々定 【技】説明会（11月頃～）→本エントリー（基本情報登録・WebES提出・Webテスト・履修履歴提出，1月後半～）→書類選考→面接（3回）→内々定

採用実績数

	大卒男	大卒女	修士男	修士女
2022年	65 （文：57 理：8）	56 （文：48 理：8）	96 （文：4 理：92）	30 （文：6 理：24）
2023年	66 （文：58 理：8）	63 （文：49 理：14）	141 （文：5 理：136）	22 （文：0 理：22）
2024年	58 （文：39 理：19）	72 （文：58 理：14）	138 （文：2 理：136）	28 （文：3 理：25）

採用実績校

【文系】
（大学）早稲田大学，中央大学，立教大学，慶應義塾大学，明治大学，法政大学，上智大学，京都大学，一橋大学，日本女子大学，関西大学，同志社大学，明治学院大学，東京理科大学，津田塾大学，ノートルダム清心女子大学，学習院大学，関西学院大学　他
【理系】
（大学院）横浜国立大学，電気通信大学，京都大学，九州大学，早稲田大学，東京大学，青山学院大学，東京工業大学，北海道大学，東京都立大学，名古屋大学，明治大学，慶應義塾大学，芝浦工業大学，神戸大学　他
（大学）電気通信大学，法政大学，早稲田大学，中央大学，芝浦工業大学，東京都市大学　他

✔2023年の重要ニュース <small>(出典：日本経済新聞)</small>

■NTTとKDDI、6G光通信を共同開発　消費電力100分の1へ（3/1）

　NTTとKDDIが次世代の光通信技術の研究開発で提携する。通信回線からサーバーや半導体の内部まで、光で信号を伝える超省エネの通信網の基盤技術を共同で開発する。情報流通の要であるデータセンター（DC）は全世界の消費電力の約1%を占め、今後も確実に急増する。両社は2024年中に基本的な技術を確立し、30年以降にDCを含む情報通信網の消費電力を100分の1に低減することを目指す。携帯電話の次世代規格「6G」で世界標準を狙う。

　あらゆるモノがネットにつながる「IoT」や人工知能（AI）の普及などで、ネットのデータ流通量は急拡大している。国際エネルギー機関（IEA）によると、世界のDCの消費電力は21年に220テラ～320テラ（テラは1兆）ワット時で、消費電力全体の1%前後を占めた。

　科学技術振興機構の低炭素社会戦略センターの試算では、世界の通信網の消費電力は30年には18年比で約5倍、DCは約15倍に急増する。合計で21年の世界の消費電力の約2割に相当する。

　現在も光ケーブルを使った通信回線では光で信号を伝送している。だが、基地局の通信機器やDCのサーバーなどの内部は光ではなく電気で信号を伝えている。光から電気に変換する際にエネルギー損失が発生し、消費電力が増大する要因になっている。

　NTTは、通信回線だけではなく機器・サーバーや半導体などの信号処理も全て光のまま実現する「光電融合」技術を開発している。エネルギー損失が少なく、消費電力を従来の100分の1に抑えられるとみている。データの伝送効率も高く、光ファイバー1本当たりの伝送容量を125倍に伸ばせるほか、遅延時間を200分の1に抑えられるという。IOWN関連の研究開発や設備に22年度に総額670億円を投資している。

　一方、KDDIは国際通信に使う海底ケーブルの大容量化などで培った光伝送技術などを持つ。長距離の光伝送を効率よく実現できる。21年には大阪大学と従来の光伝送距離の世界記録を120倍更新する7200kmの伝送実験に成功した。IOWNは25年以降に順次商用化を目指しており、KDDIの伝送技術などを生かして開発スピードを上げる。

　KDDIはNTTが20年に立ち上げたIOWNの技術仕様などを策定する国際団体にも参加する。既に光技術の半導体への活用をにらみ米インテルのほか、コン

テンツの用途開発ではソニーグループといった国内外の100社以上の企業・団体が参加している。

　両社が見据えるのは30年ごろに実用化が見込まれている6Gの通信網への活用だ。6Gは5Gの10倍以上の伝送速度を実現可能だが、通信インフラが既存技術のままでは消費電力がかさむほか、伝送容量などが足りなくなる恐れがある。国内の通信会社トップ2社が組んで技術的な課題を克服し、6Gの標準規格策定の議論でも主導権を握りたい考えだ。

■ KDDIと三井物産、コールセンター新会社　国内最大規模（7/20）

　KDDIと三井物産は20日、コールセンター事業を手掛ける新会社アルティウスリンク（東京・新宿）を9月1日に設立すると発表した。KDDI子会社のKDDIエボルバ、三井物産の関連会社のりらいあコミュニケーションズを経営統合する。国内の最大規模のコールセンターとして、大型案件への対応などに強みを発揮する。

　アルティウスリンクはKDDIが51%、三井物産が49%を出資する。売上高は2400億円、100超の拠点と5万8000人の従業員を抱える国内最大規模のコールセンターとなる。拠点の統廃合や大規模人員による大型案件への対応などで規模のメリットを引き出す。アルティウスリンクの社長に就任する網野孝氏は「従業員の人員削減は現状検討していない」という。

　アルティウスリンクはコールセンター運営だけでなく、システム構築や販促支援など周辺業務にも対応する。生成人工知能（AI）を使った顧客対応音声の分析などコールセンターのデジタル化を進めたい考えだ。

■ KDDIのドローン子会社、日本航空と資本提携（12/14）

　KDDIは14日、子会社のKDDIスマートドローン（東京・港）、日本航空（JAL）の2社と資本提携契約を結んだと発表した。KDDIスマートドローンが第三者割当増資で発行した株式をJALが取得した。出資額や出資比率は非公表。

　ドローン（小型無人機）を有人地帯で目視せずに飛ばす「レベル4」の社会実装に向け、JALが航空機運航で培った安全管理などの知見を生かす。安全管理に必要な人材などをJALからKDDIスマートドローンに受け入れる。

　KDDIとJALは22年2月にドローンの社会インフラ化に向けて協業すると発表した。23年2月には東京都あきる野市でドローン物流の実証実験をしたほか、12月14日からは東京都檜原村でレベル4に対応した医薬品配送の実証実験を始めた。

✔2022年の重要ニュース (出典:日本経済新聞)

■ KDDIとJAL、ドローン物流商用化へ　23年度に(2/15)

KDDIと日本航空（JAL）は15日、ドローン（小型無人機）の運航を全国規模で管理する体制を築くと発表した。KDDIのドローン運航管理システムと、JALが航空事業で培った安全管理ノウハウを生かす。2023年度にドローン物流サービスの商用化を目指す。

KDDIが携帯通信を使ったドローンの飛行や運航管理システムを担当し、JALが運航手順の策定などを担う。23年度の物流サービス商用化に向け、22年度にも離島でドローンを使った物流の実証を始める。

KDDIは複数のドローンを同時に管理する運航管理システムの実証実験を進めてきた。携帯通信で接続した各機体の飛行情報を集約し、リアルタイムで遠隔で把握する。JALは24時間体制で航空機の運航を管理するノウハウをドローン管理にも活用する。

KDDIはドローン向けの携帯通信と運航管理システム、データを管理するクラウドをセットにしたサービスも15日から始めると発表した。

4G通信で遠隔での飛行が可能になる。ドローンで撮影した映像などのデータをクラウドで管理し分析できるようにする。風力発電設備の点検や、災害監視といった用途を想定する。月額料金は4万9800円。

国は22年にもドローンの規制を緩和する方針で、住宅街など人口密集地の上空でも飛ばせるようになる。KDDIは24年度にドローン事業の売上高で100億円を目指す。

■ NTTとKDDI、氷河期人材の就職支援　240人超が合格(3/23)

NTTとKDDIは23日、就職氷河期世代への就業支援の結果について、両社グループや他企業の採用試験に延べ248人が合格したと発表した。2021年3月から50歳未満の希望者を対象に、ICT（情報通信技術）が学べる研修を実施していた。新型コロナウイルス下で生活に苦しむ氷河期世代の学び直しを促し、正社員への就業につなげた。

NTTとKDDIは5800人超の希望者全員に対し、ウェブ会議システム「チームズ」やファイル共有ソフトなど、リモートワークの基礎スキルを学ぶオンライン研修を実施した。

研修受講者の中から通信業界やICTを活用した職種への就職を希望する500

人に対して、マイクロソフト（MS）の「MSオフィススペシャリスト」などの資格取得を目指す研修を実施。研修の結果、延べ321人が資格を取得したとしている。

就業支援を希望した人に対しては、履歴書作成への助言や面接対策などの就職支援を提供した。こうした支援の結果、NTTとKDDIの両グループでは76人、他企業では172人の延べ248人が採用試験に合格した。

■通信障害対策に500億円投資　AIで自動復旧も（11/1）

KDDIが通信障害対策に今後3年間で500億円を投資することが1日、分かった。人工知能（AI）技術を活用した自動復旧システムの開発や、通信機器をソフトウエアに置き換える「仮想化」技術などを導入する。2日に開く決算会見で発表する見通し。7月の大規模障害を受け、ネットワークの運用体制を抜本的に見直す。

KDDIが7月に起こした大規模な通信障害では、「輻輳（ふくそう）」と呼ばれるアクセスの集中で処理能力を超え事態が深刻化した。復旧作業は61時間半にわたり、全国で延べ3091万人以上に影響が及んだ。一部の音声交換機など障害の原因となっている機器の特定やネットワークからの切り離しに時間を要した。

今回取り組む再発防止策ではAIを活用し、異常が発生した設備や障害の原因を迅速に特定し、復旧作業を自動化する技術の開発を進める。障害試験や実際の障害で得たデータをAIに学習させ、障害検知や復旧作業の精度を高める。

7月の通信障害では、携帯電話ユーザーのほか、コネクテッドカー（つながる車）やATMなど幅広い産業でサービスに支障が出た。あらゆるモノがネットにつながる「IoT」時代の到来でネットワークは複雑になっており、AIで復旧作業を効率化する。

通信機器をソフトウエアで代替する仮想化技術の導入も進める。仮想化は物理的な専用機器に頼らず、汎用のサーバーを活用しソフトウエアでネットワークを制御する技術だ。音声交換機などを汎用サーバーで代替することで、通信障害時の自動制御や機器の交換など復旧作業をしやすくする。

KDDIは13年に大規模障害を起こした際には、バックアップ設備の増強などに300億円を投資した。今回の500億円はそれを大幅に上回る。

総務省は10日までに行政指導を受けた対応状況の報告を求めている。再発防止策には輻輳制御の設計見直しや異常検知ツールの開発などを盛り込む。利用者目線での情報発信を強化するため、社内横断的な対外情報発信組織「お客さま広報班」も新設した。

✔ 2021年の重要ニュース (出典:日本経済新聞)

■ KDDI、20ギガ月2480円　大手3社で最安値 (1/12)

　KDDIは3月、データ容量20ギガ（ギガは10億）バイトで月額2480円（税抜き）の新しい携帯料金プランの提供を始める。NTTドコモとソフトバンクが導入予定の同容量プランと比べて500円安く、携帯大手で最安となる。菅義偉政権の携帯料金引き下げ要請を受けた大手3社の対応がひとまず出そろう。

　13日にも詳細を発表する。主力の「au」からオンライン手続き専用の新ブランドを立ち上げ、auと同じ通信回線を使う。高速通信規格「5G」にも対応していく。月20ギガバイトで2480円を基本料金とし、通話は含まれない。アプリで通話し、電話機能を使わない若年層などの需要を取り込む。1回5分以内の無料通話を付けた場合はドコモなどと同水準になる。

　このほかに顧客の利用に合わせて柔軟に課金できる設計にするもようだ。例えば「動画配信を見たいから今週だけデータを無制限にする」「多く電話をするから今日だけ格安の通話料金にする」など1日や1週間単位で料金体系を変更できる手法を検討する。

　東南アジアでは利用状況に合わせた柔軟な料金設定が普及しており、KDDIはシンガポールの通信事業者サークルズ・アジアグループと提携し、同社のノウハウを活用するもようだ。必要なサービスを必要な期間だけ利用できるようにすることで総額を抑え、幅広い層をターゲットとして取り込みたい狙いだ。

　大容量プランの値下げ策は13日に公表する方針だ。ドコモ、ソフトバンクの2社は2020年12月に、20ギガバイトで月額2980円のプランをそれぞれ3月に導入すると発表。5Gの無制限プランではドコモが月額6650円、ソフトバンクは月額6580円に設定した。

　携帯料金を巡っては、大手だけでなく、日本通信など格安スマホ勢も20ギガバイトで月額2000円を切るプランを出す予定だ。無制限で月2980円のプランを提供する楽天の動向が次の焦点であり、KDDIが大手最安の料金を打ち出すことで、料金引き下げの動きが続く可能性がある。

■ KDDIと料理宅配のmenuが資本業務提携　経済圏拡大狙い (6/2)

　KDDIと料理宅配のmenu（メニュー、東京・新宿）が2日、資本業務提携を結んだと発表した。KDDIが50億円を投じ、20%を出資する。スマートフォ

ン決済やポイント還元で連携するほか、両社が持つデータを分析して嗜好に合わせた飲食店の提案なども手がける。通信事業の成長が頭打ちとなるなか、顧客との接点を増やし非通信領域を強化する。

　KDDIとメニューは1日に提携契約を結んだ。メニューはスタートアップでIT（情報技術）関連のレアゾン・ホールディングス（東京・新宿）が全額出資している。KDDIが第三者割当増資で20%を出資し、持ち分法適用会社とする。

　加盟店の開拓で連携するのに加えて、7月中旬からKDDIのスマホ決済サービス「au ペイ」でメニューの購入代金を支払えるようにする。スマホアプリ「au ペイアプリ」上でメニューを利用できる「ミニアプリ」として追加することで、両社サービスの利用を促す。

　データでも連携する。KDDIが持つ顧客情報や位置情報、メニューの利用履歴などを統合する。顧客の嗜好を分析し、近隣にある飲食店のなかで好みに合った料理を提案したり、クーポンを配信したりする。今後は料理宅配に限らず、両社のデータ分析を活用して、外出時にリアルタイムで近隣の飲食店を提案し送客することも計画している。KDDIが持つ約3千万の顧客基盤を活用し、競合にないサービスで差別化を図る。

　「KDDIと協力して国内料理宅配でトップを目指す」。同日の説明会でメニューの渡辺真社長はこう訴えた。同社は2020年4月にデリバリー市場に参入した新興企業だ。足元の加盟店舗数は約6万店舗と拡大しているが、ウーバーイーツ（10万超）や出前館（7万超）が先行する。業態拡大のための資金の増強が課題だった。

　KDDIはメニューとの提携を通じて顧客接点を拡充する狙いだ。利用が拡大する料理宅配サービスを入り口にして、決済サービスなど自社の経済圏に顧客を呼び込む。KDDIの多田一国執行役員は「決済は手段で何を買うかというサービス部分が重要だ。リアルの消費者接点を強化したい」と述べた。

　KDDIは非通信領域を成長の柱にすえる。19年12月にはローソンと資本業務提携し、ローソンでauペイを利用すると共通ポイント「Ponta（ポンタ）」を二重に還元する取り組みを始めた。人口減少で国内携帯電話市場が飽和するなか、金融や電子商取引（EC）など付加価値の高いサービスに注力する。

✔ 就活生情報

面接ではエントリーシート記載の内容を深掘りされます。想定される問答をふまえて、一貫性を重視して書きましょう

技術系総合職 2021卒

エントリーシート
・形式：採用ホームページから記入
・内容：KDDIで実現したいことは何か，チームで取り組んだこととその時の役割について

セミナー
・選考と無関係
・服装：きれいめの服装
・内容：事業説明，施設見学，グループワーク

筆記試験
・形式：Webテスト
・課目：英語／数学，算数／国語，漢字／性格テスト
・内容：玉手箱

面接（個人・集団）
・雰囲気：和やか
・回数：2回
・内容：ベーシックな質問だが，1つの答えに対して2〜5回深堀りされた。
・考え方や個性，どの程度作り上げた回答なのかを確かめているようだった

内定
・拘束や指示：記載なし
・通知方法：電話

● その他受験者からのアドバイス
・特に最終面接ではエントリーシートに記載した志望動機，自分の考え方，強みの「強度」を確かめるように深堀りされるため，一貫性を重視し，想定される問答をふまえてエントリーシートを書くとよい

企業研究とエントリーシート作りはやればやるほど，コツをつかんで自分流のやりかたが見つけられる。早い段階から始めておいた方がいい。

総合職 2020卒

エントリーシート

・形式：履歴書のみ
・KDDIであなたが実現したいこと（100文字），なぜKDDIで実現したいのか，入社後のキャリアパスも踏まえて（300文字），チームで力を入れて取り組んだ経験を自身の役割も踏まえてお答えください（300文字）

セミナー

・選考と関係のあるものだった。セミナーにすべて参加すると，早期選考フローに乗れる。前もってサイト等で企業研究をしておくことで理解を深められる。セミナーは座談会形式のため，よい質問をすることで選考で使うことができる有益な回答を得られる。

筆記試験

・形式：Webテスト
・課目：英語 / 数学，算数 / 国語，漢字 / 性格テスト
・内容：早期選考ルートでは二次面接の際に四則演算の暗算テストがあった。あまり重視はされていないように思える。

面接（個人・集団）

・志望動機，第二志望の業界・企業とKDDIとの志望度比較，研究概要，挫折した経験，研究以外でチームで成しえたこと，総合職で実現したいこと（かなり大事），そのほかは基本的な質問。今朝見たニュースなども聞かれたので新聞を読んでおくとよい。

内定

・通知方法：最終面接
・拘束は週明けの月曜日までと言われた

▶ その他受験者からのアドバイス

・早めにエントリーシートを提出し，早期選考に参加したほうがいい。競争率が違ってくる。エントリーシートは最終面接まで使われるのでしっかり考えて書くこと

総合職 2019卒

エントリーシート

・KDDIであなたが実現したいこと。
・なぜKDDIで実現したいか，入社後のキャリアパスを踏まえて。
・あなたがチームで力を入れて取り組んだ経験について，自身の役割を踏ま
・えて。　等

セミナー

・内容「KDDIの事業紹介と，今後の選考フロー」
・この説明会に参加しないと進むことのできないプレミアム説明会が存在す
・る。

筆記試験

・実施場所は，自宅
・形式は，玉手箱
・言語，非言語，パーソナリティ

面接（個人・集団）

・到着後，スタッフの方に案内され，待合スペースに番号順に学生が待機→面接
　→解散
・質問内容は，KDDI　の志望理由，KDDIに入社して何をやりたいか，希望す
　る職種，逆質問等

内定

・内定時期は，2018年6月
・・承諾検討期間は，3日

● その他受験者からのアドバイス

・なぜKDDIなのかということをきちんとアピールすることを意識した。
・逆質問の時間で自分の企業理解度がアピールできるような質問をすること
　で，志望度の高さをアピールした。

企業研究を徹底的に行い，面接では自分の言葉で表現できるようになれば大丈夫です

プロフェッショナル 2018卒

エントリーシート
・内容は，やりたいこと，失敗経験，学んだこと
・形式は，採用ホームページから記入

セミナー
・選考との関係は，無関係だった
・服装は，リクルートスーツ

筆記試験
・形式は，Webテスト
・課目は，英語／数学，算数／国語，漢字
・内容は，玉手箱　英語あり

面接（個人・集団）
・雰囲気は，和やか
・志望動機とガクチカ
・回数は，2回

内定
・通知方法は，電話

総合職 2017卒

エントリーシート

・内容は，KDDIで実現したいことを自身の今後のキャリアパスを踏まえて，これまでにあなたが経験した一番大きい失敗は何かなど
・形式は，採用ホームページから記入

セミナー

・選考との関係は，無関係だった
・服装は，リクルートスーツ
・内容は，業界説明，企業説明，仕事紹介

筆記試験

・形式は，Webテスト
・課目は，英語／数学，算数／国語，漢字／性格テスト
・内容は，・玉手箱のwebテストを自宅受験

面接（個人・集団）

・雰囲気は，和やか
・質問内容は，就活の軸，やりたいこと，学生時代何を頑張ったか，自身の弱み，自身の強み，逆質問など
・回数は，3回

内定

・通知方法は，電話

自身の経験の深堀りなど引き出しは多いほうがいい
と思います。

総合職理系 2017卒

エントリーシート
・内容は，志望動機，人生で一番の失敗，人との関わりを含めた振り返り，
・自分のオモシロいところなど
・形式は，採用ホームページから記入

セミナー
・選考との関係は，無関係だった
・服装は，リクルートスーツ
・内容は，中堅社員との座談会

面接（個人・集団）
・雰囲気は，和やか
・質問内容は，志望動機3割，自己PRなどの自身の経験7割
・回数は，3回

内定
・拘束や指示は，即答したのでわからない
・通知方法は，電話
・タイミングは，予定通り

● その他受験者からのアドバイス
・面接官の運が良かったのかすごく話しやすかった
・一次面接通過連絡（メール）後，二次面接の連絡（電話）が遅かった

あくまで採用される立場なので常に謙虚な気持ちで行動しましょう。その中で熱意だけは必ず伝えるようにしましょう。

総合職 2021卒

エントリーシート

・内容は，KDDIで実現させたいこと，これまでに経験した一番の失敗，自
・分の弱みと人とのかかわり
・形式は，採用ホームページから記入

セミナー

・選考との関係は，無関係だった

筆記試験

・形式は，Webテスト
・課目は，英語／数学，算数／国語，漢字／性格テスト
・内容は，玉手箱

面接（個人・集団）

・雰囲気は，和やか
・質問内容は，ESに沿った内容，通信キャリアのなかでKDDIを選んだ理由など
・回数は，3回

内定

・通知方法は，電話
・タイミングは，予定より早かった

● その他受験者からのアドバイス

・合格の連絡が早く，面接開始から1週間以内で内定が出た
・対応が丁寧だった

しっかりとした企業分析を行うことで，本当にやりたい仕事や，行きたい企業が定まったように感じました。

総合職 2017卒

エントリーシート
・内容は，KDDIで実現したいこと，人生最大の失敗など
・上記に関して，自身の弱み，また，人との関わりを振り返って
・形式は，採用ホームページから記入

セミナー
・選考との関係は，無関係だった
・服装は，リクルートスーツ

筆記試験
・形式は，Webテスト
・課目は，英語／数学，算数／国語，漢字／性格テスト
・内容は，玉手箱

面接（個人・集団）
・雰囲気は，和やか
・質問内容は，KDDI で何を実現したいこと，失敗や挫折に対してどのように向き合ったかなど
・回数は，3回

内定
・通知方法は，郵便

● その他受験者からのアドバイス
・とにかく選考スピードが早い。最初の面接から内定までがわずか5 日間だった。

通信業界に関してですが，何故他社ではなくその企業なのか，明確に理由をもって言えることが重要です。頑張って下さい。

総合職 2017卒

エントリーシート
・内容は，KDDI で実現したいこと，人生最大の失敗など
・形式は，採用ホームページから記入

セミナー
・選考との関係は，無関係だった
・服装は，リクルートスーツ

筆記試験
・形式は，Web テスト
・課目は，英語／数学，算数／国語，漢字／性格テスト

面接（個人・集団）
・雰囲気は，和やか
・質問内容は，ES の深掘りがメインで結構突っ込まれる
・回数は，3回

内定
・通知方法は，電話

● その他受験者からのアドバイス
・結果連絡はすべて即日。面接した日の夜に電話で通知

総合職（理系）2017卒

エントリーシート

・内容は，KDDIで実現したいこと，人生最大の失敗など

・上記に関して，自身の弱み，また，人との関わりを振り返って

・形式は，採用ホームページから記入

セミナー

・選考との関係は，無関係だった

・服装は，リクルートスーツ

筆記試験

・形式は，Webテスト

・課目は，英語／数学，算数／国語，漢字／性格テスト

面接（個人・集団）

・雰囲気は，普通

・回数は，3回

内定

・通知方法は，電話

▶ その他受験者からのアドバイス

・全て即日連絡で，1次面接から内々定までに1週間かからなかった

✔ 有価証券報告書の読み方

01 部分的に読み解くことからスタートしよう

「有価証券報告書（以下，有報）」という名前を聞いたことがある人も少なくはないだろう。しかし，実際に中身を見たことがある人は決して多くはないのではないだろうか。有報とは上場企業が年に1度作成する，企業内容に関する開示資料のことをいう。開示項目には決算情報や事業内容について，従業員の状況等について記載されており，誰でも自由に見ることができる。

　一般的に有報は，証券会社や銀行の職員，または投資家などがこれを読み込み，その後の戦略を立てるのに活用しているイメージだろう。その認識は間違いではないが，だからといって就活に役に立たないというわけではない。就活を有利に進める上で，お得な情報がふんだんに含まれているのだ。ではどの部分が役に立つのか，実際に解説していく。

■**有価証券報告書の開示内容**
　では実際に，有報の開示内容を見てみよう。

有価証券報告書の開示内容
第一部【企業情報】
第1　【企業の概況】
第2　【事業の状況】
第3　【設備の状況】
第4　【提出会社の状況】
第5　【経理の状況】
第6　【提出会社の株式事務の概要】
第7　【提出会社の状参考情報】
第二部【提出会社の保証会社等の情報】
第1　【保証会社情報】
第2　【保証会社以外の会社の情報】
第3　【指数等の情報】

有報は記載項目が統一されているため，どの会社に関しても同じ内容で書かれている。このうち就活において必要な情報が記載されているのは，第一部の第1【企業の概況】〜第5【経理の状況】まで，それ以降は無視してしまってかまわない。

02 企業の概況の注目ポイント

第1【企業の概況】には役立つ情報が満載。そんな中，最初に注目したいのは，冒頭に記載されている【主要な経営指標等の推移】の表だ。

回次		第25期	第26期	第27期	第28期	第29期
決算年月		平成24年3月	平成25年3月	平成26年3月	平成27年3月	平成28年3月
営業収益	（百万円）	2,532,173	2,671,822	2,702,916	2,756,165	2,867,199
経常利益	（百万円）	272,182	317,487	332,518	361,977	428,902
親会社株主に帰属する当期純利益	（百万円）	108,737	175,384	199,939	180,397	245,309
包括利益	（百万円）	109,304	197,739	214,632	229,292	217,419
純資産額	（百万円）	1,890,633	2,048,192	2,199,357	2,304,976	2,462,537
総資産額	（百万円）	7,060,409	7,223,204	7,428,303	7,605,690	7,789,762
1株当たり純資産額	（円）	4,738.51	5,135.76	5,529.40	5,818.19	6,232.40
1株当たり当期純利益	（円）	274.89	443.70	506.77	458.95	625.82
潜在株式調整後1株当たり当期純利益	（円）	—	—	—	—	—
自己資本比率	（％）	26.5	28.1	29.4	30.1	31.4
自己資本利益率	（％）	5.9	9.0	9.5	8.1	10.4
株価収益率	（倍）	19.0	17.4	15.0	21.0	15.5
営業活動によるキャッシュ・フロー	（百万円）	558,650	588,529	562,763	622,762	673,109
投資活動によるキャッシュ・フロー	（百万円）	△370,684	△465,951	△474,697	△476,844	△499,575
財務活動によるキャッシュ・フロー	（百万円）	△152,428	△101,151	△91,367	△86,636	△110,265
現金及び現金同等物の期末残高	（百万円）	167,525	189,262	186,057	245,170	307,809
従業員数[ほか、臨時従業員数]	（人）	71,729[27,746]	73,017[27,312]	73,551[27,736]	73,329[27,313]	73,053[26,147]

見慣れない単語が続くが，そう難しく考える必要はない。特に注意してほしいのが，**営業収益**，**経常利益**の二つ。営業収益とはいわゆる**総売上額**のことであり，これが企業の本業を指す。その営業収益から営業費用（営業費（販売費＋一般管理費）＋売上原価）を差し引いたものが**営業利益**となる。会社の業種はなんであれ，モノを顧客に販売した合計値が営業収益であり，その営業収益から人件費や家賃，広告宣伝費などを差し引いたものが営業利益と覚えておこう。対して経常利益は営業利益から本業以外の損益を差し引いたもの。いわゆる金利による収益や不動産収入などがこれにあたり，本業以外でその会社がどの程度の力をもっているかをはかる絶好の指標となる。

■**会社のアウトラインを知れる情報が続く。**

　この主要な経営指標の推移の表につづいて,「会社の沿革」,「事業の内容」,「関係会社の状況」「従業員の状況」などが記載されている。自分が試験を受ける企業のことを,より深く知っておくにこしたことはない。会社がどのように発展してきたのか,主としている事業はどのようなものがあるのか,従業員数や平均年齢はどれくらいなのか,志望動機などを作成する際に役立ててほしい。

03 事業の状況の注目ポイント

　第2となる【事業の状況】において,最重要となるのは**業績等の概要**といえる。ここでは1年間における収益の増減の理由が文章で記載されている。「○○という商品が好調に推移したため,売上高は△△になりました」といった情報が,比較的易しい文章で書かれている。もちろん,損失が出た場合に関しても包み隠さず記載してあるので,その会社の1年間の動向を知るための格好の資料となる。

　また,業績については各事業ごとに細かく別れて記載してある。例えば鉄道会社ならば,①運輸業,②駅スペース活用事業,③ショッピング・オフィス事業,④その他といった具合だ。**どのサービス・商品がどの程度の売上を出したのか**,会社の持つ展望として,今後**どの事業をより活性化**していくつもりなのか,などを意識しながら読み進めるとよいだろう。

■**「対処すべき課題」と「事業等のリスク」**

　業績等の概要と同様に重要となるのが,「**対処すべき課題**」と「**事業等のリスク**」の2項目といえる。ここで読み解きたいのは,その会社の**今後の伸びしろ**について。いま,会社はどのような状況にあって,どのような課題を抱えているのか。また,その課題に対して取られている対策の具体的な内容などから経営方針などを読み解くことができる。リスクに関しては法改正や安全面,他の企業の参入状況など,会社にとって決してプラスとは言えない情報もつつみ隠さず記載してある。客観的にその会社を再評価する意味でも,ぜひ目を通していただきたい。

　次代を担う就活生にとって,ここの情報はアピールポイントとして組み立てやすい。「新事業の○○の発展に際して……」,「御社が抱える●●というリスクに対して……」などという発言を面接時にできれば,面接官の心証も変わってくるはずだ。

　最後に注目したいのが，第5【経理の状況】だ。ここでは，簡単にいえば【主要な経営指標等の推移】の表をより細分化した表が多く記載されている。ここの情報をすべて理解するのは，簿記の知識がないと難しい。しかし，そういった知識があまりなくても，読み解ける情報は数多くある。例えば**損益計算書**などがそれに当たる。

連結損益計算書

(単位：百万円)

	前連結会計年度 (自 平成26年4月1日 至 平成27年3月31日)	当連結会計年度 (自 平成27年4月1日 至 平成28年3月31日)
営業収益	2,756,165	2,867,199
営業費		
運輸業等営業費及び売上原価	1,806,181	1,841,025
販売費及び一般管理費	※1 522,462	※1 538,352
営業費合計	2,328,643	2,379,378
営業利益	427,521	487,821
営業外収益		
受取利息	152	214
受取配当金	3,603	3,703
物品売却益	1,438	998
受取保険金及び配当金	8,203	10,067
持分法による投資利益	3,134	2,565
雑収入	4,326	4,067
営業外収益合計	20,858	21,616
営業外費用		
支払利息	81,961	76,332
物品売却損	350	294
雑支出	4,090	3,908
営業外費用合計	86,403	80,535
経常利益	361,977	428,902
特別利益		
固定資産売却益	※4 1,211	※4 838
工事負担金等受入額	※5 59,205	※5 24,487
投資有価証券売却益	1,269	4,473
その他	5,016	6,921
特別利益合計	66,703	36,721
特別損失		
固定資産売却損	※6 2,088	※6 1,102
固定資産除却損	※7 3,957	※7 5,105
工事負担金等圧縮額	※8 54,253	※8 18,346
減損損失	※9 12,738	※9 12,297
耐震補強重点対策関連費用	8,906	10,288
災害損失引当金繰入額	1,306	25,085
その他	30,128	8,537
特別損失合計	113,379	80,763
税金等調整前当期純利益	315,300	384,860
法人税、住民税及び事業税	107,540	128,972
法人税等調整額	26,202	9,326
法人税等合計	133,742	138,298
当期純利益	181,558	246,561
非支配株主に帰属する当期純利益	1,160	1,251
親会社株主に帰属する当期純利益	180,397	245,309

　主要な経営指標等の推移で記載されていた**経常利益**の算出する上で必要な営業外収益などについて，詳細に記載されているので，一度目を通しておこう。
　いよいよ次ページからは実際の有報が記載されている。ここで得た情報をもとに有報を確実に読み解き，就職活動を有利に進めよう。

✔ 有価証券報告書

■ 企業の概況

1 主要な経営指標等の推移

（1） 連結経営指標等 ···

回次		第35期	第36期	第37期	第38期	第39期
決算年月		2019年3月	2020年3月	2021年3月	2022年3月	2023年3月
売上高	（百万円）	5,080,353	5,237,221	5,312,599	5,446,708	5,671,762
税引前当期利益	（百万円）	1,010,275	1,020,699	1,038,056	1,064,497	1,077,878
親会社の所有者に帰属する当期利益	（百万円）	617,669	639,767	651,496	672,486	677,469
親会社の所有者に帰属する当期包括利益	（百万円）	604,136	612,402	736,709	706,668	678,235
親会社の所有者に帰属する持分	（百万円）	4,183,492	4,384,424	4,759,720	4,982,586	5,122,409
総資産額	（百万円）	7,330,416	9,580,149	10,535,326	11,084,379	11,917,643
1株当たり親会社所有者帰属持分	（円）	1,779.41	1,906.35	2,091.82	2,249.27	2,374.65
基本的1株当たり当期利益	（円）	259.10	275.69	284.16	300.03	310.25
希薄化後1株当たり当期利益	（円）	259.01	275.49	283.91	299.73	310.12
親会社所有者帰属持分比率	（%）	57.1	45.8	45.2	45.0	43.0
親会社所有者帰属持分当期利益率	（%）	15.5	14.9	14.2	13.8	13.4
株価収益率	（倍）	9.20	11.57	11.95	13.35	13.19
営業活動によるキャッシュ・フロー	（百万円）	1,029,607	1,323,356	1,682,166	1,468,648	1,078,869
投資活動によるキャッシュ・フロー	（百万円）	△714,578	△610,950	△658,925	△761,593	△732,480
財務活動によるキャッシュ・フロー	（百万円）	△310,951	△546,381	△585,571	△727,257	△669,837
現金及び現金同等物の期末残高	（百万円）	204,597	369,202	809,802	796,613	480,252
従業員数 （外、平均臨時従業員数）	（名）	41,996 (36,341)	44,952 (38,356)	47,320 (35,240)	48,829 (37,180)	49,659 (36,672)

（注）　第32期より国際会計基準（IFRS）に基づいて連結財務諸表を作成しております。

---

point　主要な経営指標等の推移

　　数年分の経営指標の推移がコンパクトにまとめられている。見るべき箇所は連結の売上，利益，株主資本比率の3つ。売上と利益は順調に右肩上がりに伸びているか，逆に利益で赤字が続いていたりしないかをチェックする。株主資本比率が高いとリーマンショックなど景気が悪化したときなどでも経営が傾かないという安心感がある。

（2） 提出会社の経営指標等 ···

回次		第35期	第36期	第37期	第38期	第39期
決算年月		2019年3月	2020年3月	2021年3月	2022年3月	2023年3月
営業収益	（百万円）	4,061,712	4,070,873	4,062,750	4,037,023	3,780,778
経常利益	（百万円）	723,323	800,209	814,445	790,544	761,018
当期純利益	（百万円）	505,146	567,962	578,634	561,015	547,454
資本金	（百万円）	141,852	141,852	141,852	141,852	141,852
発行済株式総数	（株）	2,532,004,445	2,355,373,600	2,304,179,550	2,304,179,550	2,302,712,308
純資産額	（百万円）	3,706,880	3,819,755	4,060,767	4,113,639	4,037,684
総資産額	（百万円）	5,427,230	5,681,462	5,956,659	5,966,580	5,998,484
1株当たり純資産額	（円）	1,576.69	1,660.83	1,784.64	1,857.01	1,871.79
1株当たり配当額 （内1株当たり中間配当額）	（円）	105.00 (50.00)	115.00 (55.00)	120.00 (60.00)	125.00 (60.00)	135.00 (65.00)
1株当たり当期純利益	（円）	211.90	244.75	252.38	250.29	250.71
潜在株式調整後1株当たり 当期純利益	（円）	―	―	―	―	―
自己資本比率	（％）	68.3	67.2	68.2	68.9	67.3
自己資本利益率	（％）	13.9	15.1	14.7	13.7	13.4
株価収益率	（倍）	11.26	13.03	13.45	16.00	16.33
配当性向	（％）	49.6	47.0	47.5	49.9	53.8
従業員数 （外、平均臨時従業員数）	（名）	10,968 (6,412)	10,892 (6,568)	11,353 (6,411)	10,455 (6,418)	9,377 (4,652)
株主総利回り	（％）	91.7	125.5	137.5	164.5	172.8
（比較指標：TOPIX（配当込み））	（％）	(95.0)	(85.9)	(122.1)	(124.6)	(131.8)
最高株価	（円）	3,187.0	3,451.0	3,673.0	4,164.0	4,636.0
最低株価	（円）	2,331.5	2,372.5	2,604.0	3,237.0	3,825.0

（注） 1. 潜在株式調整後1株当たり当期純利益金額については，希薄化効果を有している潜在株式が存在しないため記載しておりません。

2. 最高株価及び最低株価は，2022年4月4日より東京証券取引所（プライム市場）におけるものであり，それ以前については東京証券取引所（市場第一部）におけるものであります。

3. 「収益認識に関する会計基準」（企業会計基準第29号　2020年3月31日）等を第38期の期首から適用しており，第38期以降に係る主要な経営指標等については，当該会計基準等を適用した後の指標等となっております。

4. 百万円未満を四捨五入して記載しております。

2 沿革

　わが国の電気通信事業は，一部事業者による一元的なサービスの提供が行われてまいりましたが，わが国の電気通信をさらに発展させていくためには，競争原理と民間活力の導入が必要との認識から，1985年4月1日，従来の公衆電気通信法に代わって，新たに電気通信事業法が施行されました。当社は，このような背景に先立ち，安価で優れた電気通信サービスを提供する民間会社の出現が，国民の利益の向上及びより活発な企業活動の促進につながるものと考え，1984年6月1日，当社の前身である「第二電電企画株式会社」を設立いたしました。

　その後の経緯は以下のとおりであります。

年月	沿革
1985年4月	・商号を第二電電株式会社に改め，事業目的を変更。
6月	・第一種電気通信事業の許可を郵政省（現総務省）から受ける。
1986年10月	・専用サービス営業開始。
1987年6月	・本店所在地を東京都千代田区に移転。 ・関西セルラー電話株式会社（子会社）設立。
9月	・市外電話サービス営業開始。
10月	・九州セルラー電話株式会社（子会社）設立。
11月	・中国セルラー電話株式会社（子会社）設立。
1988年4月	・東北セルラー電話株式会社（子会社）設立。
5月	・北陸セルラー電話株式会社（子会社）設立。
7月	・北海道セルラー電話株式会社（子会社）設立。
1989年4月	・四国セルラー電話株式会社（子会社）設立。
1991年6月	・沖縄セルラー電話株式会社（子会社）設立。
7月	・株式会社ツーカーセルラー東京（関連会社）設立。
1992年2月	・株式会社ツーカーセルラー東海（関連会社）設立。
1993年4月	・日本イリジウム株式会社（子会社）設立。
9月	・東京証券取引所市場第二部に上場。
1994年7月	・株式会社ディーディーアイポケット企画（子会社）設立。
11月	・株式会社ディーディーアイポケット企画をディーディーアイ東京ポケット電話株式会社に商号変更する。 ・ディーディーアイ北海道ポケット電話株式会社等ポケット電話会社8社（子会社）設立。
1995年9月	・東京証券取引所市場第一部銘柄に指定替え。

(point) 沿革

　どのように創業したかという経緯から現在までの会社の歴史を年表で知ることができる。過去に行った重要なM＆Aなどがいつ行われたのか，ブランド名はいつから使われているのか，いつ頃から海外進出を始めたのか，など確認することができて便利だ。

1996年1月	・株式会社京セラディーディーアイ未来通信研究所（関連会社）設立。
1997年4月	・沖縄セルラー電話株式会社が日本証券業協会の店頭登録銘柄として株式を公開。
1999年3月	・DDI COMMUNICATIONS AMERICA CORPORATION（子会社）設立。
4月	・ディーディーアイネットワークシステムズ株式会社（子会社）設立。
9月	・関連会社である株式会社ツーカーセルラー東京及び株式会社ツーカーセルラー東海の株式を，また，新規に株式会社ツーカーホン関西の株式をそれぞれ過半数取得する。
2000年1月	・ディーディーアイ東京ポケット電話株式会社，他ポケット電話会社全9社は，ディーディーアイ東京ポケット電話株式会社を存続会社として合併し，ディーディーアイポケット株式会社に商号変更する。
3月	・日本イリジウム株式会社が事業廃止する。
10月	・KDD株式会社及び日本移動通信株式会社と合併し，株式会社ディーディーアイに商号変更する。
11月	・沖縄セルラー電話株式会社を除く，関西セルラー電話株式会社等セルラー電話会社7社は，関西セルラー電話株式会社を存続会社として合併し，株式会社エーユーに商号変更する。
12月	・KDD AMERICA, INC. と DDI COMMUNICATIONS AMERICA CORPORATION は KDD AMERICA, INC. を存続会社として合併し，KDDI America, Inc. に商号変更する。
2001年1月	・株式会社ケイディディコミュニケーションズとディーディーアイネットワークシステムズ株式会社は，株式会社ケイディディコミュニケーションズを存続会社として合併し，株式会社KCOMに商号変更する。
3月	・株式会社エーユーを株式交換により当社の完全子会社とする。
4月	・商号をKDDI株式会社に改め，本店所在地を現在地に移転する。 ・株式会社ケイディディ研究所と株式会社京セラディーディーアイ未来通信研究所は，株式会社ケイディディ研究所を存続会社として合併し，株式会社KDDI研究所に商号変更する。
6月	・KDDI America, Inc. と TELECOMET, INC. は，KDDI America, Inc. を存続会社として合併する。
7月	・株式会社KCOMと株式会社ケイディディアイクリエイティブは，株式会社KCOMを存続会社として合併する。
10月	・株式会社エーユーと合併する。 ・ケイディディ・ネットワークシステムズ株式会社と国際テレコメット株式会社は，ケイディディ・ネットワークシステムズ株式会社を存続会社として合併し，商号を株式会社Kソリューションに変更する。
2002年2月	・ケイディディアイ・ウィンスター株式会社と合併する。

2003年3月	・ケイディーディーアイ開発株式会社の株式を売却する。
2004年10月	・ディーディーアイポケット株式会社のPHS事業を譲渡する。KDDIテレマーケティング株式会社とKDDI総合サービス株式会社は，KDDIテレマーケティング株式会社を存続会社として合併する。
11月	・株式会社Kソリューション，株式会社KCOM，株式会社オーエスアイ・プラス，株式会社ケイディーディーアイエムサットは株式会社Kソリューションを存続会社として合併し，株式会社KDDIネットワーク＆ソリューションズに商号変更する。
12月	・KDDIテレマーケティング株式会社は，株式会社KDDIエボルバに商号変更する。
2005年1月	・株式会社ツーカーホン関西を株式買取により当社の完全子会社とする。
3月	・株式会社ツーカーセルラー東海を株式買取により当社の完全子会社とする。 ・株式会社ツーカーセルラー東京を株式交換により当社の完全子会社とする。
4月	・株式会社KDDIテクニカルエンジニアリングサービスを設立する。
10月	・株式会社ツーカーセルラー東京，株式会社ツーカーセルラー東海，株式会社ツーカーホン関西と合併する。
2006年1月	・株式会社パワードコムと合併する。
2007年1月	・東京電力株式会社の社内カンパニーである光ネットワーク・カンパニーに係る事業を会社分割により当社に承継する。
6月	・ジャパンケーブルネットホールディングス株式会社及びジャパンケーブルネット株式会社の株式を一部取得し，当社の子会社とする。
12月	・株式会社KDDIネットワーク＆ソリューションズの事業の一部を会社分割により当社に承継する。
2008年4月	・中部テレコミュニケーション株式会社の株式を一部取得し，当社の子会社とする。
7月	・株式会社KDDIネットワーク＆ソリューションズと合併する。
2010年2月	・Liberty Global, Inc.グループが保有する中間持株会社3社の持分の全てを取得したことにより，Liberty Global, Inc.グループの株式会社ジュピターテレコム（現JCOM株式会社）に対する出資関係を承継し，株式会社ジュピターテレコム（現JCOM株式会社）を当社の持分法適用関連会社とする。
2010年12月	・KKBOX Inc.（現KKCompany Inc.）の株式を一部取得し，当社の子会社とする。
2011年2月	・KDDIまとめてオフィス株式会社を設立する。
2011年7月	・株式会社ウェブマネー（現auペイメント株式会社）の株式を一部取得し，当社の子会社とする。
2012年4月	・株式会社KDDIテクニカルエンジニアリングサービスは，KDDIエンジニアリング株式会社に商号変更する。

2013年4月	・株式会社ジュピターテレコム（現JCOM株式会社）の株式を一部取得し，当社の子会社とする。KDDIまとめてオフィス株式会社の地域会社4社を設立する。
2014年2月	・KDDIフィナンシャルサービス株式会社（現auフィナンシャルサービス株式会社）を設立する。
2014年4月	・株式会社ジュピターテレコム（現JCOM株式会社）とジャパンケーブルネット株式会社は，株式会社ジュピターテレコム（現JCOM株式会社）を存続会社として合併する。
2014年6月	・KDDI Summit Global Myanmar Co., Ltd.を設立する。
2016年3月	・ジュピターショップチャンネル株式会社の株式を一部取得し，当社の連結子会社とする。
2017年1月	・ビッグローブ株式会社の株式を取得し，当社の完全子会社とする。
2018年1月	・株式会社イーオンホールディングスの株式を取得し，当社の完全子会社とする。
2018年12月	・株式会社エナリスの株式を追加取得し，株式会社エナリス及び同社の子会社6社を連結子会社とする。
2019年4月	・株式会社じぶん銀行（現auじぶん銀行株式会社），並びにKDDIフィナンシャルサービス株式会社（現auフィナンシャルサービス株式会社），株式会社ウェブマネー（現auペイメント株式会社），KDDIアセットマネジメント株式会社（現auアセットマネジメント株式会社），及びau Reinsurance Corporationの株式を，会社分割によりauフィナンシャルホールディングス株式会社に承継する。
2019年12月	・au損害保険株式会社，ライフネット生命保険株式会社，株式会社Finatextホールディングスの株式を，会社分割によりauフィナンシャルホールディングス株式会社に承継する。カブドットコム証券株式会社（現auカブコム証券株式会社）の株式を保有するLDF合同会社は，auフィナンシャルホールディングス株式会社と合併する。
2020年10月	・会社分割により，UQコミュニケーションズ株式会社の営むUQ mobile事業を承継する。
2022年4月	・東京証券取引所の市場区分の見直しにより，東京証券取引所の市場第一部からプライム市場に移行。
2022年7月	・吸収分割により，当社の営むエネルギー事業に係る子会社の管理事業及び事業戦略の企画・立案・推進機能等を当社の連結子会社（完全子会社）であるauエネルギーホールディングス株式会社に対し承継し，当社の営む電力小売に係る事業等を当社の連結子会社（完全子会社）であるauエネルギー＆ライフ株式会社に対し承継する。

(point) 事業の内容

会社の事業がどのようにセグメント分けされているか，そして各セグメントではどのようなビジネスを行っているかなどの説明がある。また最後に事業の系統図が載せてあり，本社，取引先，国内外子会社の製品・サービスや部品の流れが分かる。ただセグメントが多いコングロマリットをすぐに理解するのは簡単ではない。

（1） 事業の概要 ···

　当社の企業集団は，当社及び連結子会社169社（国内113社，海外56社），持分法適用関連会社41社（国内34社，海外7社）により構成されており，「パーソナル事業」，「ビジネス事業」を主な事業としております。

　当社グループの事業における当社，連結子会社及び持分法適用関連会社の位置付け及びセグメントとの関連は，次のとおりであります。

　なお，当連結会計年度より組織変更に伴い一部事業の所管セグメントを見直しております。詳細は，「第5　経理の状況　1．連結財務諸表等　連結財務諸表　注記　4．セグメント情報」に記載しております。

パーソナル事業

主要なサービス	個人のお客さま向けにサービスを提供しています。 　日本国内においては、「au」「UQ mobile」「povo」のマルチブランドで提供する5G通信サービスを中心に、金融、エネルギー、LXなどの各種サービスを連携し拡充することで、新たな付加価値・体験価値の提供を目指しています。 　また、過疎化・高齢化などによる地域社会が抱える課題に向き合い、地域のパートナーとともに、デジタルデバイド解消とサステナブルな地域共創の実現を目指しています。 　一方、海外においては、国内で培った事業ノウハウを生かし、ミャンマーとモンゴルの個人のお客さま向けに、通信サービス、金融サービス及び映像等のエンターテインメントサービスの提供にも積極的に取り組んでいます。	
主要な関係会社	〔親会社〕	KDDI（株）
	〔連結子会社〕	沖縄セルラー電話（株）、JCOM（株）、UQコミュニケーションズ（株）、ビッグローブ（株）、（株）イーオンホールディングス、中部テレコミュニケーション（株）、（株）ワイヤ・アンド・ワイヤレス、auフィナンシャルホールディングス（株）、Supershipホールディングス（株）、ジュピターショップチャンネル（株）、ジュピターエンタテインメント（株）、auエネルギーホールディングス（株）、KDDI Summit Global Myanmar Co., Ltd.、MobiCom Corporation LLC
	〔持分法適用関連会社〕	KKCompany Inc.、（株）カカクコム、auカブコム証券（株）

ビジネス事業

主要なサービス	日本国内及び海外において、幅広い法人のお客さま向けに、スマートフォン等のデバイス、ネットワーク、クラウド等の多様なソリューションに加え、「TELEHOUSE」ブランドでのデータセンターサービス等を提供しています。 　さらに、当社は、「中期経営戦略（2022-24年度）」において、5Gによる通信事業の進化と、通信を核とした注力領域の事業拡大を図る「サテライトグロース戦略」を発表しました。5G通信を中心としてIoTやDXなど、お客さまのビジネスの発展・拡大に貢献するソリューションを、パートナー企業との連携によってグローバルにワンストップで提供していきます。 　また、日本国内の中小企業のお客さまについては、連結子会社のKDDIまとめてオフィスグループによる地域に密着したサポート体制を全国規模で実現しています。
主要な関係会社	〔親会社〕　KDDI（株） 〔連結子会社〕　中部テレコミュニケーション（株）、KDDIまとめてオフィス（株）、（株）KDDIエボルバ、auエネルギーホールディングス（株）、KDDI Digital Divergence Holdings（株）、KDDI America, Inc.、KDDI Europe Limited、北京凱迪愛通信技術有限公司、KDDI Asia Pacific Pte Ltd、TELEHOUSE International Corporation of America、TELEHOUSE International Corporation of Europe Ltd. 〔持分法適用関連会社〕　（株）ラック

その他

主要なサービス	通信設備建設及び保守、情報通信技術の研究及び開発等を提供しています。
主要な関係会社	〔親会社〕　KDDI（株） 〔連結子会社〕　KDDIエンジニアリング（株）、（株）KDDI総合研究所、国際ケーブル・シップ（株）、日本通信エンジニアリングサービス（株） 〔持分法適用関連会社〕　京セラコミュニケーションシステム（株）

以上の企業集団の状況について事業系統図を示すと次のとおりであります。

パーソナル事業

KDDI(株)【当社】
〔連結子会社〕
沖縄セルラー電話(株)、JCOM(株)、UQコミュニケーションズ(株)、ビッグローブ(株)、イーオンホールディングス、中部テレコミュニケーション(株)、(株)ワイヤ・アンド・ワイヤレス、auフィナンシャルホールディングス(株)、Supershipホールディングス(株)、ジュピターショップチャンネル(株)、ジュピターエンタテインメント(株)、auエネルギーホールディングス(株)、KDDI Summit Global Myanmar Co., Ltd.、MobiCom Corporation LLC
〔持分法適用関連会社〕
KKCompany Inc.、(株)カカクコム、auカブコム証券(株)　等

日本国内及び海外における、個人のお客さま向けサービスの提供

ビジネス事業

KDDI(株)【当社】
〔連結子会社〕
中部テレコミュニケーション(株)、KDDIまとめてオフィス(株)、(株)KDDIエボルバ、auエネルギーホールディングス(株)、KDDI Digital Divergence Holdings(株)、KDDI America, Inc.、KDDI Europe Limited、北京凱迪迪愛通信技術有限公司、KDDI Asia Pacific Pte Ltd、TELEHOUSE International Corporation of America、TELEHOUSE International Corporation of Europe Ltd.　等
〔持分法適用関連会社〕
(株)ラック

日本国内及び海外における、法人のお客さま向けサービスの提供

その他

KDDI(株)【当社】
〔連結子会社〕
KDDIエンジニアリング(株)、(株)KDDI総合研究所、国際ケーブル・シップ(株)、日本通信エンジニアリングサービス(株)　等
〔持分法適用関連会社〕
京セラコミュニケーションシステム(株)

通信設備建設及び保守、情報通信技術の研究及び開発等

お客さま

(2) その他 ··

事業に係る法的規制

　当社及び子会社等のうち，国内において電気通信サービスを提供する会社においては，電気通信事業を行うにあたり電気通信事業法に基づく登録等を受ける必要があります。また，無線局に係る電気通信設備の設置にあたっては，電波法の免許等を受ける必要があります。

　電気通信事業法は，電気通信事業の公共性に鑑み，その運営を適正かつ合理的なものとするとともに，その公正な競争を促進することにより，電気通信役務の円滑な提供を確保するとともにその利用者の利益を保護し，もって電気通信の健全な発達及び国民の利便の確保を図り，公共の福祉を増進することを目的として制定されています。これにより，低廉で多種多様なサービス，確実かつ安定したネットワーク及び誰もが安心して利用できる環境の実現が図られています。

　当社及び子会社等がそれらの法律により直接規律される主な事項の概要は下記のとおりです。なお，海外において電気通信サービスを提供する子会社等については各国法令に基づき事業を行っております。

① 電気通信事業法

　電気通信事業法による規制は次のとおりです。

a　電気通信事業の登録等

　・電気通信事業の開始にあたり総務大臣の登録を受けること（第9条），電気通信事業の登録を受けた者が合併等を行う際は総務大臣の登録更新を受けること（第12条の2），電気通信事業の登録を受けた者が業務区域または電気通信設備の変更を行う際は総務大臣の変更登録を受けること（第13条），電気通信事業者が電気事業の休止及び廃止等を行った際は総務大臣への届出及び利用者への周知を行うこと（第18条）等の定めがあります。

b　電気通信事業の業務等

　（a）消費者保護

　・電気通信事業者は，利用者に対し，契約締結前に提供条件を説明すること（第26条），契約成立後に書面を交付すること（第26条の2），初期契約の書面による解除を行うこと（第26条の3），電気通信業務の休止及び廃止の周知

を行うこと（第26条の4），苦情等を処理すること（第27条），不実告知等
や勧誘継続行為を禁止すること（第27条の2），媒介等業務受託者に対する
指導等の措置を講じること（第27条の4）等が課されています。

(b) 相互接続・卸電気通信役務

・電気通信事業者は，他の電気通信事業者から電気通信設備への接続の請求
を受けたときは応じること（第32条）が課されています。

・第二種指定電気通信設備を設置する電気通信事業者は，第二種指定電気通
信設備との接続に関する接続約款の総務大臣への届け出ること（第34条），
当該第二種指定電気通信設備との接続に係る機能を休止又は廃止しようとす
るときは当該機能を利用するものに対し，その旨を周知すること（第34条の
2），第二種指定電気通信設備を用いる卸電気通信役務の提供の業務を開始
する際に総務大臣への届け出ること等の定めがあります。

(c) 公正競争確保

・総務大臣より指定を受けた移動電気通信役務を提供する電気通信事業者は，
端末を販売等する際の通信料金を端末を販売等しない場合よりも有利にする
こと，期間拘束などの行き過ぎた囲い込みをすること等が禁止されています
（第27条の3）。

(d) 外国政府等との協定等

・電気通信事業者は，外国政府または外国人若しくは外国法人との間で電気通
信業務に関する協定を締結する際は総務大臣の認可を受けること（第40条）
等の定めがあります。

補足

株式会社NTTドコモ，ソフトバンク株式会社，Wireless City Planning株式
会社，当社，沖縄セルラー電話株式会社及びUQコミュニケーションズ株式会
社は，接続約款を届け出る義務等を負う第二種指定電気通信設備を設置する電
気通信事業者に指定されています。

なお，NTT東日本及びNTT西日本は電気通信事業法により，指定電気通信
設備を設置する第一種指定電気通信事業者として接続料金及び接続条件を定め
た接続約款の認可を受けることとされており，当社は当該接続約款に応じて接

続を行うこととなっています。

② 電波法

a 無線局の開設（第4条）

無線局を開設しようとする者は，総務大臣の免許を受けなければならない。

b 欠格事由（第5条）

(a) 次の各号のいずれかに該当する者には，無線局の免許を与えないことができる。

　ⅰ） この法律又は放送法に規定する罪を犯し罰金以上の刑に処せられ，その執行を終わり，又はその執行を受けることがなくなった日から2年を経過しない者

　ⅱ） 無線局の免許の取消しを受け，その取消しの日から2年を経過しない者

　ⅲ） 特定基地局の開設計画の認定の取消しを受け，その取消しの日から2年を経過しない者

　ⅳ） 無線局の登録の取消しを受け，その取消しの日から2年を経過しない者

(b) 開設指針に定める納付の期限までに規定する特定基地局開設料を納付していないものには，当該特定基地局開設料が納付されるまでの間，特定基地局の免許を与えないことができる。

c 免許の申請（第6条）

無線局の免許を受けようとする者は，申請書に，次に掲げる事項を記載した書類を添えて，総務大臣に提出しなければならない。

(a) 目的

(b) 開設を必要とする理由

(c) 通信の相手方及び通信事項

(d) 無線設備の設置場所

(e) 電波の型式並びに希望する周波数の範囲及び空中線電力

(f) 希望する運用許容時間（運用することができる時間をいう。）

(g) 無線設備の工事設計及び工事落成の予定期日

(h) 運用開始の予定期日

(i)　他の無線局の免許人又は登録人（以下「免許人等」という。）との間で混信その他の妨害を防止するために必要な措置に関する契約を締結しているときは，その契約の内容

d　変更等の許可（第17条）

免許人は，無線局の目的，通信の相手方，通信事項，放送事項，放送区域，無線設備の設置場所若しくは基幹放送の業務に用いられる電気通信設備を変更し，又は無線設備の変更の工事をしようとするときは，あらかじめ総務大臣の許可を受けなければならない。

e　免許の承継（第20条）

(a)　免許人について相続があったときは，その相続人が，免許人の地位を承継する。

(b)　免許人たる法人が合併又は分割（無線局をその用に供する事業の全部を承継させるものに限る。）をしたときは，合併後存続する法人若しくは合併により設立された法人又は分割により当該事業の全部を承継した法人は，総務大臣の許可を受けて免許人の地位を承継することができる。

(c)　免許人が無線局をその用に供する事業の全部の譲渡しをしたときは，譲受人は，総務大臣の許可を受けて免許人の地位を承継することができる。

f　無線局の廃止（第22条）

免許人は，その無線局を廃止するときは，その旨を総務大臣に届け出なければならない。

g　免許状の返納（第24条）

免許がその効力を失ったときは，免許人であった者は，1ヶ月以内にその免許状を返納しなければならない。

h　検査等事業者の登録（第24条の2）

無線設備等の検査又は点検の事業を行う者は，総務大臣の登録を受けることができる。

i　検査等事業者の登録の取消し（第24条の10）

総務大臣は，登録検査等事業者が次の各号のいずれかに該当するときは，その登録を取り消し，又は期間を定めてその登録に係る検査又は点検の業務の全部若

しくは一部の停止を命ずることができる。

- (a) 電波法に規定する罪を犯し罰金以上の刑に処せられる（第24条の2第五項各号（第二号を除く。））に至ったとき。
- (b) 登録検査等事業者の氏名，住所等の変更の届出（第24条の5第一項）又は登録検査等事業者の地位承継届出（第24条の6第二項）の規定に違反したとき。
- (c) 総務大臣による適合命令（第24条の7第一項又は第二項）に違反したとき。
- (d) 工事落成後の検査（第10条第一項），無線局の変更検査（第18条第一項）若しくは定期検査（第73条第一項）を受けた者に対し，その登録に係る点検の結果を偽って通知したこと又は登録に係る検査を行い，各種規定に違反していない旨を記載した証明書（第73条第三項）に虚偽の記載をしたことが判明したとき。
- (e) その登録に係る業務の実施の方法によらないでその登録に係る検査又は点検の業務を行ったとき。
- (f) 不正な手段により検査等事業者の登録又はその更新を受けたとき。

j 特定基地局の開設指針（第27の12）

特定基地局の開設指針を定める場合において，総務大臣は，既設電気通信業務用基地局が現に使用している周波数を使用する電気通信業務用基地局については，次の各号に掲げる場合の区分に応じ，当該各号に定めるものに限り，特定基地局とすることができる。

- (a) 電波監理審議会が行った有効利用評価の結果の報告を受けた場合において，既設電気通信業務用基地局（周波数の指定の変更を受けた認定計画に従って開設されているものであって，当該認定計画に係る認定の有効期間が満了していないものを除く。）が現に使用している周波数に係る当該結果が総務省令で定める基準を満たしていないと認めるとき　当該周波数を使用する電気通信業務用基地局
- (b) 既設電気通信業務用基地局が現に使用している周波数を使用する電気通信業務用基地局を特定基地局として開設することを希望する申出に係る開設指針を定める必要がある旨を決定したとき　当該決定に係る周波数を使用す

る電気通信業務用基地局

(c)　電波に関する技術の発達，需要の動向その他の事情を勘案して，既設電気通信業務用基地局が現に使用している周波数の再編を行い，当該周波数の再編により新たに区分された周波数を使用する電気通信業務用基地局の開設を図ることが電波の公平かつ能率的な利用を確保するために必要であると認めるとき　当該電気通信業務用基地局

k　開設計画の認定の取消し（第27条の16）

(a)　総務大臣は，認定開設者が次の各号のいずれかに該当するときは，その認定を取り消さなければならない。

　　 i ）　電気通信業務を行うことを目的とする特定基地局に係る認定開設者が電気通信事業法第14条第一項の規定により同法第9条の登録を取り消されたとき。

(b)　総務大臣は，認定開設者が次の各号のいずれかに該当するときは，その認定を取り消すことができる。

　　 i ）　正当な理由がないのに，認定計画に係る特定基地局を当該認定計画に従って開設せず，又は認定計画に係る高度既設特定基地局を当該認定計画に従って運用していないと認めるとき。

　　ii ）　正当な理由がないのに，認定計画に係る開設指針に定める納付の期限までに特定基地局開設料を納付していないとき。

　　iii ）　不正な手段により開設計画の認定を受け，又は周波数の指定の変更を行わせたとき。

　　iv ）　認定開設者が電波法に規定する罪を犯し罰金以上の刑に処せられるに該当するに至ったとき。

　　 v ）　電気通信業務を行うことを目的とする特定基地局に係る認定開設者が次のいずれかに該当するとき。

　　　1　電気通信事業法第12条第一項の規定により同法第9条の登録を拒否されたとき。

　　　2　電気通信事業法第12条の2第一項の規定により同法第9条の登録がその効力を失ったとき。

3　電気通信事業法第13条第三項において準用する同法第12条第一項の
　　　規定により同法第13条第一項の変更登録を拒否されたとき。
　　4　電気通信事業法第18条の規定によりその電気通信事業の全部の廃止
　　　又は解散の届出があったとき。
　(c)　総務大臣は，開設計画の認定の取消しをしたときは，当該認定開設者で
　　あった者が受けている他の開設計画の認定又は無線局の免許等を取り消すこ
　　とができる。
　(d)　総務大臣は，(a) から (c) の規定による処分をしたときは，理由を記載
　　した文書をその認定開設者に送付しなければならない。

l　目的外使用の禁止等（第52条）

　無線局は，免許状に記載された目的又は通信の相手方若しくは通信事項（特定
地上基幹放送局については放送事項）の範囲を超えて運用してはならない。

m　目的外使用の禁止等（第53条）

　無線局を運用する場合においては，無線設備の設置場所，識別信号，電波の型
式及び周波数は，免許状等に記載されたところによらなければならない。

n　目的外使用の禁止等（第54条）

　無線局を運用する場合においては，空中線電力は，次の各号の定めるところに
よらなければならない。
　(a)　免許状等に記載されたものの範囲内であること。
　(b)　通信を行うため必要最小のものであること。

o　目的外使用の禁止等（第55条）

　無線局は，免許状に記載された運用許容時間内でなければ，運用してはならな
い。

p　混信等の防止（第56条）

　無線局は，他の無線局又は電波天文業務の用に供する受信設備その他の総務省
令で定める受信設備（無線局のものを除く。）で総務大臣が指定するものにその運
用を阻害するような混信その他の妨害を与えないように運用しなければならない。

q　秘密の保護（第59条）

　何人も法律に別段の定めがある場合を除くほか，特定の相手方に対して行われ

る無線通信（電気通信事業法第4条第一項又は第164条第三項の通信であるものを除く。）を傍受してその存在若しくは内容を漏らし，又はこれを窃用してはならない。

r　検査（第73条）

　総務大臣は，総務省令で定める時期ごとに，あらかじめ通知する期日に，その職員を無線局（総務省令で定めるものを除く。）に派遣し，その無線設備等を検査させる。

s　無線局の免許の取消し等（第76条）

(a)　総務大臣は，免許人等がこの法律，放送法若しくはこれらの法律に基づく命令又はこれらに基づく処分に違反したときは，3ヶ月以内の期間を定めて無線局の運用の停止を命じ，又は期間を定めて運用許容時間，周波数若しくは空中線電力を制限することができる。

(b)　総務大臣は，包括免許人又は包括登録人がこの法律，放送法若しくはこれらの法律に基づく命令又はこれらに基づく処分に違反したときは，3ヶ月以内の期間を定めて，包括免許又は包括登録（第27条の32第一項）に係る無線局の新たな開設を禁止することができる。

(c)　総務大臣は，前2項の規定によるほか，登録人が第三章に定める技術基準に適合しない無線設備を使用することにより他の登録局の運用に悪影響を及ぼすおそれがあるとき，その他登録局の運用が適正を欠くため電波の能率的な利用を阻害するおそれが著しいときは，3ヶ月以内の期間を定めて，その登録に係る無線局の運用の停止を命じ，運用許容時間，周波数若しくは空中線電力を制限し，又は新たな開設を禁止することができる。

(d)　総務大臣は，免許人（包括免許人を除く。）が次の各号のいずれかに該当するときは，その免許を取り消すことができる。

ⅰ）　正当な理由がないのに，無線局の運用を引き続き6ヶ月以上休止したとき。

ⅱ）　不正な手段により無線局の免許若しくは変更等の許可（第17条）を受け，又は周波数等の指定の変更（第19条）を行わせたとき。

ⅲ）　(a)の規定による命令又は制限に従わないとき。

ⅳ）　免許人が電波法に規定する罪を犯し罰金以上の刑に処せられる（第5条第三項第一号）に至ったとき。

（e）　総務大臣は，包括免許人が次の各号のいずれかに該当するときは，その包括免許を取り消すことができる。

　　ⅰ）　包括免許の運用開始の期限（第27条の5第一項第四号）までに特定無線局の運用を全く開始しないとき。

　　ⅱ）　正当な理由がないのに，その包括免許に係るすべての特定無線局の運用を引き続き6ヶ月以上休止したとき。

　　ⅲ）　不正な手段により包括免許若しくは包括免許の変更等の許可（第27条の8第一項）を受け，又は周波数等の指定の変更（第27条の9）を行わせたとき。

　　ⅳ）　（a）の規定による命令若しくは制限又は（b）の規定による禁止に従わないとき。

　　ⅴ）　包括免許人が電波法に規定する罪を犯し罰金以上の刑に処せられる（第5条第三項第一号）に至ったとき。

（f）　総務大臣は，登録人が次の各号のいずれかに該当するときは，その登録を取り消すことができる。

　　ⅰ）　不正な手段により無線局の登録（第27条の21第一項）又は変更登録（第27条の26第一項又は第27条の33第一項）を受けたとき。

　　ⅱ）　（a）の規定による命令若しくは制限，（b）の規定による禁止又は（c）の規定による命令，制限若しくは禁止に従わないとき。

　　ⅲ）　登録人が電波法に規定する罪を犯し罰金以上の刑に処せられる（第5条第三項第一号）に至ったとき。

（g）　総務大臣は，（d）から（f）の規定によるほか，電気通信業務を行うことを目的とする無線局の免許人等が次の各号のいずれかに該当するときは，その免許等を取り消すことができる。

　　ⅰ）　電気通信事業法第12条第一項の規定により同法第9条の登録を拒否されたとき。

　　ⅱ）　電気通信事業法第13条第三項において準用する同法第12条第一項の

規定により同法第13条第一項の変更登録を拒否されたとき。

　　ⅲ）　電気通信事業法第15条の規定により同法第9条の登録を抹消されたとき。

　（h）　総務大臣は，（d）（（ⅳ）を除く。）及び（e）（（ⅴ）を除く。）の規定により
　　　免許の取消しをしたとき並びに（f）（（ⅲ）を除く。）の規定により登録の取消
　　　しをしたときは，当該免許人等であった者が受けている他の無線局の免許等
　　　又は特定基地局の開設計画の認定（第27条の13第一項）を取り消すことが
　　　できる。

（注）　上記の内容は2023年3月31日時点における電気通信事業法及び電波法に基づき記載しています。

名称	住所	資本金または出資金（百万円）	主要な事業の内容	議決権の所有割合（%）	関係内容			
					役員の兼任		資金援助（百万円）	営業上の取引
					当社役員（人）	当社社員（人）		
（連結子会社）								
沖縄セルラー電話株式会社（注）1	沖縄県那覇市	1,415	電気通信事業（au携帯電話サービス）	53.9	1	1	—	当社は携帯電話設備、携帯電話端末の販売及び中継電話サービスを提供している。
JCOM株式会社（注）2	東京都千代田区	37,550	ケーブルテレビ局、番組配信会社の統括運営	50.0	1	3	—	当社は中継電話サービスを提供している。
株式会社ジェイコムウエスト（注）2	大阪府大阪市中央区	15,500	ケーブルテレビ局の運営（放送・通信事業）	93.1（93.1）	—	1	—	—
UQコミュニケーションズ株式会社（注）3	東京都千代田区	71,425	ワイヤレスブロードバンドサービス	32.3	1	3	—	当社は携帯電話データ通信サービス用のアクセス回線の提供を受けている。
ビッグローブ株式会社	東京都品川区	2,630	インターネットサービス事業	100.0	—	5	45,911	当社はインターネットサービス用の通信回線を提供している。
株式会社イーオンホールディングス	東京都新宿区	100	英会話をはじめとする語学関連企業の持株会社	100.0	—	5	—	
中部テレコミュニケーション株式会社（注）2	愛知県名古屋市中区	38,816	中部地区における各種電気通信サービス	80.5	1	4	—	当社はデータ通信サービス用の中継、アクセス回線及びインターネットサービス用の通信回線を提供している。
株式会社ワイヤ・アンド・ワイヤレス	東京都中央区	1,150	無線ブロードバンド事業	95.2	—	5	—	当社は無線LANサービスの提供を受けている。また、設備の設置工事を委託している。
auフィナンシャルホールディングス株式会社（注）2	東京都中央区	25,000	金融事業会社の持株会社	100.0	—	4	17,530	
Supershipホールディングス株式会社	東京都港区	4,057	インターネットサービス企業の持株会社	83.6	—	3	11,000	
ジュピターショップチャンネル株式会社	東京都江東区	4,400	通信販売事業	55.0（55.0）	—	1	—	
ジュピターエンタテインメント株式会社	東京都千代田区	1,788	テレビチャンネル運営事業	100.0（100.0）	—	—	—	
auエネルギーホールディングス株式会社	東京都千代田区	100	エネルギー事業子会社の経営管理	100.0	—	6	9,500	
株式会社エナリス（注）5	東京都千代田区	100	エネルギー情報業	59.0（59.0）	—	4	—	当社と共同で電力調達、電気販売を行っている。
KDDIまとめてオフィス株式会社	東京都渋谷区	1,000	中小企業向けIT環境サポート事業	95.0	—	12	—	当社は中堅中小営業及び代理店営業を委託している。
株式会社KDDIエボルバ	東京都新宿区	100	コールセンター、人材派遣サービス	100.0	—	9	—	当社はコールセンター業務を委託し、人材派遣を受けている。

point 関係会社の状況

主に子会社のリストであり，事業内容や親会社との関係についての説明がされている。特に製造業の場合などは子会社の数が多く，すべてを把握することは難しいが，重要な役割を担っている子会社も多くある。有報の他の項目では一度も触れられていない場合が多いので，気になる会社については個別に調べておくことが望ましい。

名称	住所	資本金または出資金（百万円）	主要な事業の内容	議決権の所有割合（%）	関係内容			
					役員の兼任		資金援助（百万円）	営業上の取引
					当社役員（人）	当社社員（人）		
KDDI Digital Divergence Holdings株式会社	東京都港区	100	DX事業に係る子会社の管理事業及び事業企画機能等	100.0	1	5	—	
KDDIエンジニアリング株式会社	東京都渋谷区	1,500	通信設備の建設工事・保守及び運用支援	100.0	—	11	—	当社は通信設備の建設工事・保守及び運用支援を委託している。
株式会社KDDI総合研究所	埼玉県ふじみ野市	2,283	情報通信関連の技術研究及び商品開発	91.7	1	8	—	当社は情報通信関連の技術研究及び開発を委託している。
国際ケーブル・シップ株式会社	神奈川県川崎市川崎区	135	海底ケーブルの建設及び保守	100.0	—	8	1,960	当社は海底ケーブルシステム等の保守を委託している。
日本通信エンジニアリングサービス株式会社	東京都新宿区	470	通信設備の設計、施工、運用及び保守	83.8	—	8	—	当社は高速道路沿いの通信設備の保守業務を委託している。
KDDI America, Inc.	Staten Island, NY U.S.A.	US$ 84,400千	米国における各種電気通信サービス	100.0	—	2	12,552	当社は米国における当社サービスの販売業務を委託している。
KDDI Europe Limited	London, U.K.	STG£ 42,512千	欧州における各種電気通信サービス	100.0 (4.2)	—	3	32,038	当社は欧州における当社サービスの販売業務を委託している。
北京凱迪迪愛通信技術有限公司	北京市中国	元 13,446千	中国における電気通信機器等の販売及び保守・運用	85.1	—	4	—	当社は中国における当社サービスの販売業務を委託している。
KDDI Asia Pacific Pte Ltd	Singapore	S$ 10,255千	シンガポールにおける各種電気通信サービス	100.0	—	2	—	当社はシンガポールにおける当社サービスの販売業務を委託している。
TELEHOUSE International Corporation of America	Staten Island, NY U.S.A.	US$ 4.5千	米国におけるデータセンターサービス	70.8 (2.3)	—	2	—	—
TELEHOUSE Holdings Limited （注）2	London, U.K.	STG£ 100,091千	持株会社	100.0	—	2	—	—
TELEHOUSE International Corporation of Europe Ltd	London, U.K.	STG£ 47,167千	欧州におけるデータセンターサービス	92.8 (92.8)	—	3	—	—
KDDI SUMMIT GLOBAL SINGAPORE PTE. LTD. （注）2	Singapore	US$ 756,600千	持株会社	50.1	—	2	—	—
KDDI Summit Global Myanmar Co., Ltd. （注）2	Yangon, Myanmar	US$ 405,600千	ミャンマー国営郵便・電気通信事業体(MPT)の通信事業運営のサポート	100.0 (100.0)	—	2	—	—
MobiCom Corporation LLC	Ulaanbaatar,Mongolia	TG 6,134,199千	モンゴルにおける携帯電話サービス	98.8 (98.8)	—	4	4,367	—
その他　138社								

名称	住所	資本金または出資金(百万円)	主要な事業の内容	議決権の所有割合(%)	関係内容 役員の兼任 当社役員(人)	当社社員(人)	資金援助(百万円)	営業上の取引
(持分法適用関連会社) 京セラコミュニケーションシステム株式会社	京都府京都市伏見区	2,986	ITソリューション、通信エンジニアリング等	23.4	1	―	―	当社は電気通信設備の設置工事・保守管理業務等を委託している。
株式会社モバオク	東京都渋谷区	200	携帯電話専用オークションサイトの運営	33.4	―	2	―	当社と協業でケータイオークションサービスを提供している。
株式会社カカクコム (注)1	東京都渋谷区	916	インターネットメディア事業	17.4	―	1	―	―
auカブコム証券株式会社	東京都千代田区	7,196	金融商品取引業	49.0 (49.0)	―	2	―	当社は金融商品仲介を行っている。
株式会社ラック (注)1	東京都千代田区	2,648	セキュリティ・ソリューションサービス等	32.4	―	2	―	当社はセキュリティ・ソリューションサービスにおける業務提携を行っている。
KKCompany Inc.	Grand Cayman, Cayman Islands	US$ 144	台湾・香港等における音楽配信事業のグループ会社の持株会社	49.8 (49.8)	―	3	―	当社は音楽配信サービスのプラットフォーム提供を受けている。
その他 35社								

(注) 1. 有価証券報告書を提出しております。
   2. 特定子会社に該当しております。
   3. UQコミュニケーションズ株式会社に対する議決権の所有割合は32.3％であり，日本基準において持分法を適用しておりましたが，IFRSの適用にあたり，実質的に支配していると判定し，連結子会社としております。
   4. 議決権の所有割合の（ ）内は，間接所有割合を内数で記載しております。
   5. 株式会社エナリスは債務超過会社であり，2023年3月末時点で債務超過の額は28,391百万円となっております。

(point) 従業員の状況

　主力セグメントや，これまで会社を支えてきたセグメントの人数が多い傾向があるのは当然のことだろう。上場している大企業であれば平均年齢は40歳前後だ。また労働組合の状況にページが割かれている場合がある。その情報を載せている背景として，労働組合の力が強く，人数を削減しにくい企業体質だということを意味している。

5 従業員の状況

(1) 連結会社の状況 ···

2023年3月31日現在

セグメントの名称	従業員数（名）	
パーソナル	28,938	(13,440)
ビジネス	17,685	(21,535)
その他	3,036	(1,697)
合計	49,659	(36,672)

（注） 従業員数は就業人員であり，臨時従業員数は年間の平均人員を（ ）外数で記載しております。

(2) 提出会社の状況 ···

2023年3月31日現在

従業員数（名）		平均年齢（歳）	平均勤続年数（年）	平均年間給与（円）
9,377	(4,652)	42.5	17.4	9,432,871

セグメントの名称	従業員数（名）	
パーソナル	5,804	(2,075)
ビジネス	3,420	(2,551)
その他	153	(26)
合計	9,377	(4,652)

（注）1. 従業員数は就業人員（子会社などへの出向社員3,949名は含んでおりません。）であり，臨時従業員数は年間の平均人員を（ ）外数で記載しております。

2. 当事業年度末において，当社の従業員数は前事業年度末から1,078名減少し，9,377名となっています。主な要因は，当社の店舗販売支援事業を会社分割の方法によりKDDI Sonic-Falcon株式会社へ承継させたことによるものです。

3. 平均年間給与は，賞与及び基準外賃金を含んでおります。

(3) 労働組合の状況 ···

　当社には，労働組合が結成されており，KDDI労働組合と称し，情報産業労働組合連合会の傘下として日本労働組合総連合会に加盟しております。また，当社とKDDI労働組合の間においては，ユニオン・ショップ協定を締結しております。

　2023年3月31日現在の組合員数は，10,587人です。

　その他，特に記載すべき事項はありません。

■ 事業の状況

文中の将来に関する事項は，当連結会計年度末現在において当社グループが判断したものであります。

当社グループは，企業理念を以下のとおり定めています。また，企業理念に謳われた使命を果たし，持続的な成長を遂げるために，社員一人ひとりが持つべき考え方，価値観，行動規範をKDDIフィロソフィとして定め，心をひとつにしてこれらを共有し実践していくことに努めております。

■企業理念

KDDIグループは，全従業員の物心両面の幸福を追求すると同時に，お客さまの期待を超える感動をお届けすることにより，豊かなコミュニケーション社会の発展に貢献します。

（1） 中長期的な会社の経営戦略 ···

新型コロナウイルス感染症の流行により，あらゆる領域で急速なデジタルシフトが進んだことで，通信の果たす役割もますます重要になっています。政府においても，デジタル実装を通じた地域活性化を推進する「デジタル田園都市国家構想」が掲げられ，人々の暮らしやビジネスのデジタル化が加速しています。KDDIは生活者の新たなライフスタイルをサポートし，経済発展と社会課題の解決を両立するレジリエントな未来社会の創造に向けた取り組みを推進します。

このような事業環境の変化に対応しながらありたい未来社会を実現するため，「KDDI VISION 2030：『つなぐチカラ』を進化させ，誰もが思いを実現できる社会をつくる。」を新たに掲げ，長期的な視点で社会課題とKDDIグループの経営の重要度を総合的に網羅した新重要課題（マテリアリティ）を策定いたしました。これらを踏まえ，以下のとおり「中期経営戦略（2022—24年度）」を推進していきます。

(point) **業績等の概要**

この項目では今期の売上や営業利益などの業績がどうだったのか，収益が伸びたあるいは減少した理由は何か，そして伸ばすためにどんなことを行ったかということがセグメントごとに分かる。現在，会社がどのようなビジネスを行っているのか最も分かりやすい箇所だと言える。

＜中期経営戦略（2022－24年度）＞

■企業理念

　KDDIグループは，全従業員の物心両面の幸福を追求すると同時に，お客さまの期待を超える感動をお届けすることにより，豊かなコミュニケーション社会の発展に貢献します。

■ブランドメッセージ

Tomorrow, Together KDDI／おもしろいほうの未来へ。au

■目指す姿

①　お客さまに一番身近に感じてもらえる会社

②　ワクワクを提案し続ける会社

③　社会の持続的な成長に貢献する会社

■KDDI VISION 2030

「つなぐチカラ」を進化させ，誰もが思いを実現できる社会をつくる。

■　財務目標

　持続的な成長に向け，成長投資・株主還元を引き続き強化します。EPS※については，2018年度対比1.5倍を引き続き目指します。株主還元については，安定的な配当を継続し，配当性向40％超，成長投資の状況などを鑑み，機動的な自己株式取得を実施します。

※「Earnings Per Share」の略で，1株当たり当期利益。

(2)　対処すべき課題（中期経営戦略　―サステナビリティ経営―）・・・・・・・・・・・・・・

　「中期経営戦略（2022－24年度）」では，パートナーの皆さまとともに社会の持続的成長と企業価値の向上を目指す―サステナビリティ経営―を根幹としました。5Gの特性を活かすことにより「つなぐチカラ」を進化させ，あらゆるシーンに通信が「溶け込む」ことで，新たな価値が生まれる時代を目指します。5Gによる通信事業の進化と通信を核とした注力領域の拡大，さらにそれを支える経営基盤を強化します。

＜事業戦略　〜　サテライトグロース戦略　〜＞

　5Gによる通信事業の進化と，通信を核とした注力領域の事業拡大を図ります。特に以下の5つの注力領域を中心に，KDDIグループの企業価値の最大化を図ります。

（1）　DX（デジタルトランスフォーメーション）　
- 通信をIoTという形であらゆるもの（車，工業設備，各種メーターなど）に溶け込ませ，お客さまが意識することなく5Gを活用できる環境を整備します。そのために，さまざまな業界ごとの個別ニーズに応じたビジネスプラットフォームを提供し，お客さまのビジネス創造をサポートします。新たに生まれた付加価値により，人々の暮らしがトランスフォームされていくDXの好循環を目指します。

（2）　金融　
- 金融クロスユースの拡大を推進し，通信と金融によるエンゲージメント向上へ寄与します。また，金融各機能のさらなるスケール化を推進し，KDDIグループの金融各社の成長を実現します。

（3）　エネルギー　
- 電力小売事業を引き続き強化するとともに，カーボンニュートラル関連事業の新規参入を図り，カーボンニュートラルへ貢献します。

（4）　LX（ライフトランスフォーメーション）　
- KDDIのテクノロジー戦略である「ライフトランスフォーメーション　テクノロジー（LXテクノロジー）」により，モビリティ・宇宙・メタバースなど，多様化が進む消費・体験行動に革新を起こす新たなビジネスの創出を実現します。

（5）　地域共創－CATV等－　
- 過疎化・高齢化などによる地域社会が抱える課題に向き合い，デジタルデバイド解消・地域共創を実現します。また，全国の地域CATV局や地域を支える企業に対する経営支援により地域共創の取り組みを推進します。

＜経営基盤強化＞

　KDDIグループは，社会と企業の持続的な成長に貢献するため，特に以下の3つの経営基盤を強化します。

（1） カーボンニュートラルの実現 ……………………………………………

・DDI単体で2030年度，グループ全体で2050年度のカーボンニュートラル達成を目指し，省エネルギーの取り組みと再生可能エネルギーへの切り替えを組み合わせて，CO_2排出量実質ゼロを実現します。

（2） 人財ファースト企業への変革 ………………………………………………

・「人財ファースト企業」への変革を，「KDDI版ジョブ型人事制度」・「社内DXの推進」・「KDDI新働き方宣言の実現」の3つの柱で進めるとともに，「KDDI DX University」の活用による全社員のDXスキル向上とプロフェッショナル人財の育成により，注力領域への要員シフトも実行します。

（3） グループ一体経営の推進とガバナンスの強化 ……………………………

・KDDIグループの持続的な企業経営に向け，事業活動における人権尊重の徹底，リスクマネジメント体制・情報セキュリティ体制を強化し，サテライトグロース戦略推進に伴うグループ会社の増加と事業の多様化を踏まえたガバナンスを強化します。

　昨年7月の通信障害発生以降，通信基盤強化に向けた検証を徹底的に行うことに加え，品質・サービス向上に向けた推進体制の整備や，全社対策訓練の実施などを通じて，再発防止・品質改善に努めてまいりました。

　今後も，社会インフラを支える通信事業者として，より一層，お客さまに安心して快適にご利用いただける通信ネットワークの提供に全社を挙げて取り組んでまいります。

2　サステナビリティに関する考え方及び取組

　当社グループのサステナビリティに関する考え方及び取組は，次のとおりです。

　なお，文中の将来に関する事項は，当連結会計年度末現在において当社グループが判断したものであります。

（1） サステナビリティ全般 ···

　「サステナビリティ経営」を根幹とし，サテライトグロース戦略の推進と，それを支える経営基盤の強化により，パートナーの皆さまとともに社会の持続的成長と企業価値の向上を目指していきます。このうち経営基盤の強化としては，社会的な重要課題であるカーボンニュートラルの実現，人財ファースト企業への変革，人権尊重や，グループガバナンス等への取り組みも推進してまいります。まず，地球規模で大きな課題となっているカーボンニュートラルについて積極的に取り組みます。KDDI単体で2030年度，グループ全体では2050年度のCO2排出量実質ゼロの実現を目指し，携帯電話基地局・通信設備などでの省電力化や再生可能エネルギーへのシフトを強力に推進していきます。また，変化の激しい事業環境の中で持続的に成長し続けていくためには，イノベーションの推進，社員や組織の高度な自律性と成長を促す「人財ファースト企業」への変革が不可欠です。イノベーションの推進においては，5GおよびBeyond 5Gの研究開発および設備投資を強化します。また，サテライトグロース戦略に基づく事業創造・研究開発・AI・先進セキュリティ技術への取り組みを加速し，スタートアップとのコラボレーションなどパートナーシップをより深化させていきます。

① ガバナンス

サステナビリティ推進体制

　委員長を代表取締役社長，委員会メンバーは全事業・統括本部長，KDDI財団理事長，ならびに監査役で構成し，サステナビリティを全社経営戦略の柱として取り組んでいます。なお，サステナビリティ推進の達成度は全社重点KPIに織り込まれており，役員報酬ならびに全社員の賞与に連動します。

　サステナビリティ関連のリスク及び機会はサステナビリティ委員会におけるKPIの進捗確認等を通じて管理し，同委員会から取締役会へ定期的に報告することで取締役会がそれらを監視する体制をとっています。

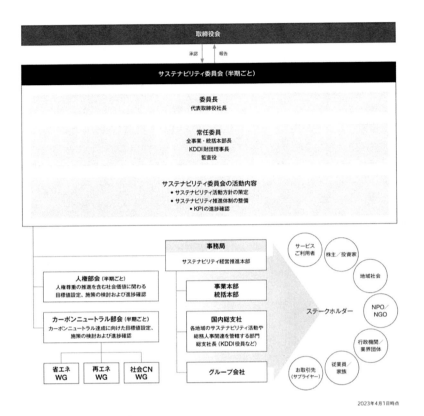

2023年4月1日時点

マテリアリティ再選定プロセス

　当社グループは，中期経営戦略（23.3期-25.3期）の策定に伴い，次のプロセスにてサステナビリティに関する重要課題（マテリアリティ）を見直しました。

1. サステナビリティ情報開示の国際的なガイドラインであるGRI要請項目および情報通信業界に対するESG評価機関の要請事項から，重要課題を抽出
2. 「長期投資家等マルチステークホルダーの関心事項（縦軸）」と「事業へのインパクト（横軸）」をそれぞれ点数化し，優先順位を設定
3. 社外有識者等へのヒアリングによりいただいたご意見を反映し，6つの最重要課題（マテリアリティ）を特定

4. サステナビリティ委員会および取締役会で妥当性を審議し，確定

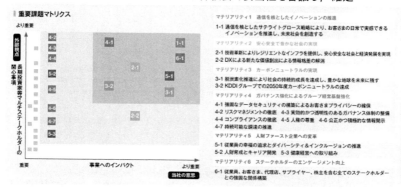

② 戦略

6つの重要課題（マテリアリティ）

　長期投資家等マルチステークホルダーの関心事項と事業へのインパクトを軸に，中期経営戦略における課題をマッピングし集約いたしました。当社の事業変革に必要なイノベーションの推進，事業の多様化に伴う人財強化やガバナンス強化，気候変動など国際社会の課題意識の高まりに対応した点が変化点です。

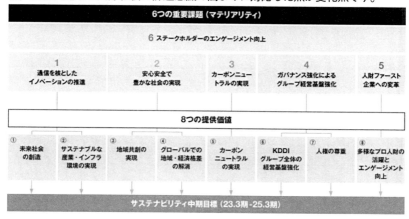

1 通信を核としたイノベーションの推進

▶ 提供価値
① 通信を核としたサテライトグロース戦略により、お客さまの日常で実感できるイノベーションを推進し、未来社会を創造する
② 通信その他の社会インフラ・つながるクルマに対して、革新的なソリューションを提供することで、サステナブルな産業・インフラ環境を実現する

2 安心安全で豊かな社会の実現

▶ 提供価値
③ 通信を核としたDXにより人と地域の想いをつなぎ、情報格差、地域課題を解決することで、地域共創を実現する
④ 海外新興国にて通信と周辺サービスの維持拡充を図り、現地の経済発展に貢献することで、地域・経済格差を解消する

3 カーボンニュートラルの実現

▶ 提供価値
⑤ 当社2030年度カーボンニュートラル実現※に加え、お客さまへ再生可能エネルギー電気を提供し、地球規模の課題である気候変動問題の解決に貢献する
※ Scope1+2

4 ガバナンス強化によるグループ経営基盤強化

▶ 提供価値
⑥ KDDIグループ全体のガバナンス強化による強固な経営基盤の確立を通じて、社会・環境価値を創出する
⑦ あらゆる事業活動において人権を尊重するとともに、サプライチェーンでの人権侵害を撲滅し、社会の持続的成長に貢献する

5 人財ファースト企業への変革

▶ 提供価値
⑧ 多様かつ高度なプロ人財の活躍と挑戦心あふれる企業風土の醸成により、イノベーションを創出し、社会の持続的成長に貢献する

6 ステークホルダーのエンゲージメント向上

　当社グループの6つの重要課題（マテリアリティ）に対処するための取組（実施内容），指標及び目標は次のとおりです。

提供価値	サステナビリティ中期目標（23.3期-25.3期）			
	実施内容	指標	23.3期実績	25.3期
①未来社会の創造	サテライトグロース戦略に基づく事業創造・研究開発プロジェクトの推進	プロジェクト数（累計）	20件	60件
	自治体さまと連携したLXサービスの提供	LXサービス提供地域・施設数の拡大		
	イノベーションの推進による知的資本の強化	5G/Beyond 5G+サテライトグロース関連領域の保有特許件数	対前年28%増	対前年20%増
②サステナブルな産業・インフラ環境の実現	産業・インフラDXへの貢献	IoT回線数（累計）	3,240万回線	4,400万回線
	お客さまの働き方改革を推進	KDDIのお客さま（法人）に占める、ゼロトラストソリューションの導入率	7%	35%
	5Gエリアの拡大	5G人口カバー率 政府目標95%（24.3期）への貢献		
	重大事故撲滅	重大事故発生件数（設備障害）※総務省の事故報告判断基準ガイドライン等に準ずる	2件	0件

			実績	目標
③地域共創の実現	地域のデバイド解消支援	支援者数（累計） ※スマホ教室、店頭サポート、使い方サポート、交通オンデマンド、地域教育支援（講義・セミナーなど）、かんたんTV電話、自治体・中堅・中小組織デバイド解消等	567万人	1,500万人
	地域体験応援サービスの構築	地域体験応援サービスのご利用者数（累計）		
	金融格差の解消	決済・金融取扱高	14.3兆円	16.3兆円
④グローバルでの地域・経済格差の解消	新興国におけるグローバル事業の拡大	新興国の国民の人権を尊重し、国民の生活に不可欠な社会インフラの維持に取り組む		
	モンゴルにおける通信を活用した教育や次世代の育成	次世代を担う13歳以下向け通信サービス「Stars」の加入者数（累計）	13万人	18万人
⑤カーボンニュートラルの実現	通信設備を含むKDDIのカーボンニュートラル化	KDDIのカーボンニュートラル実現 Scope 1＋2（KDDI単体）	—	FY2030カーボンニュートラルの達成
		全世界のKDDIデータセンターのカーボンニュートラル実現 ※他社のデータセンター施設や設備を一部借り受けてサービス提供する形態は除く	—	FY2026カーボンニュートラルの達成
	お客さまへの再生可能エネルギー（再エネ）提供	法人契約に占める再エネメニュー率	22%	60%超
	次世代再エネソリューションの提供	法人お客さま向けへのカーボンニュートラル支援ソリューションの提供拡大 ※グリーンICT/通信、電力SL、DX-SL、コンサルティング等		
⑥KDDIグループ全体の経営基盤強化	グループ全体のガバナンスと情報セキュリティの強化	重大事故発生件数※1 ・サイバーセキュリティ起因の個人情報の漏えいおよび重大なサービスの停止 ・個人情報の不適切な利用 ・上記以外の重大事故	0件	0件
		先進セキュリティ技術への取り組み件数※2（累計）	7件	15件
⑦人権の尊重	人権を尊重した事業活動の実施	グループ会社を含めた事業活動における人権リスク評価の実施とその結果に基づく改善		
	人権デューデリジェンス※3	人権侵害の恐れがある高リスク取引先の活動改善率	リスク先を選定し、個別対話と改善提案を開始	改善率100%

⑧多様なプロ人財の活躍とエンゲージメント向上	プロ人財育成のためのキャリア開発	各専門領域のプロ人財比率（KDDI単体）	35% ※戦略領域	30% ※全領域
		全社員におけるDX基礎スキル研修修了者（KDDI単体：累計） ※習得機会はグループ会社へ拡大	6,222人	全社員
	社員エンゲージメントサーベイの実施	社員エンゲージメントスコアの維持向上（KDDI単体）	73 ※四半期ごと（4回／年）のサーベイ結果平均	72以上を維持
	多様性を重視した人財の活躍推進（DE&I関連）	女性取締役の構成比率（KDDI単体）	16.6%	20%以上
		女性経営基幹職の構成比率※4（KDDI単体）	10.6%	15%以上

※1　主務官庁への報告・届け出等レビュテーションを著しく棄損する事案
※2　KDDI単体，KDDI総合研究所によるニュースリリース・トピックス件数
※3　当社グループ調達額90%および人権リスクが把握された取引先が対象
※4　受入出向者・在籍出向者ともに含まず集計
　　　経営基幹職：組織のリーダーならびに専門領域のエキスパート，実績値は2023年4月1日時点の比率

③　リスク管理

KDDIのアプローチ（リスクマネジメント・内部統制の考え方）

　企業を取り巻くビジネス環境が常に変化する状況において，企業が直面するリスクも多様化・複雑化しています。当社は，経営目標の達成に対し影響を及ぼす原因や事象を「リスク」と位置付け，リスクマネジメントの強化が重要な経営課題だと認識しています。事業を継続し社会への責任を果たしていくために，グループ全体でリスクマネジメント活動を推進しています。

KDDIのリスクマネジメント・内部統制活動

　当社は，コーポレート統括本部を中核として，リスクマネジメント活動を一元的に推進する体制を整えています。また，グループ全体の持続的な成長を実現するため，当社のみならずグループ会社などを含むグループ全体でのリスクマネジメント活動を推進しています。当社に44名，グループ会社各社に計44名の「内部統制責任者」を配置し，さらにそれを統括する5名の「内部統制統括責任者」を任命しており，同責任者のもと，内部統制システムの整備・運用およびリスクマネジメント活動を推進するとともに，リスクが発現しにくい企業風土を醸成するため業務品質向上活動を展開しています。

リスクマネジメント活動サイクル

　当社は，会社の危機を未然に防ぐためには，その予兆を把握し，事態が悪化する前に対策を講じることが重要という認識のもと，リスクマネジメント活動のPDCAサイクルを構築しています。また，リスクの発現時には迅速かつ適切な対応がとれる危機管理体制を整備しています。

リスク特定プロセス

　当社は，リスク情報を定期的に洗い出し，会社事業に重大な影響を与えるリスクを重要リスクと位置付け，これらの重要リスクの発現およびその発現した際の影響を可能な限り低減するための対応策を検討し，対策を講じています。2022年度は，経営目標を確実に達成するために，過去に顕在化した課題のほか，事業環境の変化を踏まえ，重要リスク29項目を選定し，リスクの予見，重要リスクの低減活動およびリスクアプローチによる内部監査を実施しました。情報セキュリティ活動においても，グループ全体の統一基準を制定し，グループ全体で情報セキュリティレベルの向上を推進し，情報セキュリティリスクの低減を図っています。これら重要リスクの状況については，財務影響との関係から当有価証券報告書の「事業等のリスク」にも反映しています。

内部統制システム構築の基本方針

　当社は，会社法第362条第5項の規定に基づき，「内部統制システム構築の基本方針」を取締役会にて決議し，決議内容および運用状況を対外的に公表し，会社業務の執行の公正性，透明性および効率性を確保するとともに，企業クオリティの向上にむけて，実効性のある内部統制システムの整備を図っています。

内部統制報告制度（J-SOX）への対応

　2008年度から適用された金融商品取引法に基づく内部統制報告制度への対応として，財務報告の信頼性を確保すべく，当社および国内・海外の主要なグループ子会社11社の計12社に対して，内部統制評価を実施しました。評価結果につ

いては内部統制報告書として取りまとめ，2023年6月に内閣総理大臣に提出し，投資家の皆さまに開示しています。

業務品質向上活動

　当社は，内部統制報告制度への対応に併せて，企業クオリティ向上の観点から内部統制部を全社の業務品質向上活動の推進事務局とし，各部門の内部統制責任者が推進役となり，業務の効率化，標準化を図りながら，業務の質を高める業務品質向上活動に取り組んでいます。この活動による業務改善案件は，全てデータベース化され，全従業員が自部門の業務品質向上活動に活用できる仕組みを整えています。また，優秀で意欲的な業務改善案件に対して表彰する制度「業務品質向上賞」を導入し，従業員一人ひとりの業務品質に対する意識・モチベーションの向上を図っています。さらに，業務品質の向上と生産性・効率性の向上を両立させる取り組みとして，RPA（Robotic Process Automation）に係るシステム環境および体制（制度・教育）を整備し，全社でのRPA導入を推進しています。

業務品質向上の浸透活動

　・eラーニングの実施

　・メールマガジンおよび社内報における役員メッセージや好事例の共有

　・表彰制度の実施（年1回）

④　**指標及び目標**

　上記に記載の②戦略の項目をご参照ください。

(2)　人的資本・多様性 ̇̇

①　**ガバナンス**

　(1)に記載の「サステナビリティ全般」における①ガバナンスの項目をご参照ください。

②　**戦略**

　「サステナビリティ経営」を根幹とし，サテライトグロース戦略の推進と，それを支える経営基盤の強化により，パートナーの皆さまとともに社会の持続的成長と企業価値の向上を目指していきます。このうち経営基盤の強化の1つとして，人財ファースト企業への変革を推進しております。

[人材育成方針]

a. 事業を支える組織・プロ人財の実現

　　グループ会社全体の持続的な成長の実現に向けて事業戦略を推進するにあたり，動的な人財ポートフォリオを用いたマネジメントにより，必要となるプロフェッショナル人財を質・量の両面でモニタリングし，充足していきます。

　　人財採用では，キャリア採用を促進し，新卒においても専門性深耕を目指すコースを拡充することで，プロフェッショナル人財の割合を高めていきます。入社後は，KDDI版ジョブ型人事制度により職務・スキルを明確化し，成果・挑戦・能力を評価することで，プロ人財を創り，育てていきます。特にDX領域については，全社員が基礎スキルを習得するとともに，グループ内に順次拡大していきます。また，グループ会社全体の事業戦略に合わせた公募等による異動やグループ内副業の実施により，適所適材を実行していきます。

[社内環境整備方針]

b. 多様な人財が生き生きと働く環境の整備

　　一人ひとりの社員が生き生きと，エンゲージメント高く，健康に働くことがグループ会社全体の持続的成長につながると考え，データドリブンで各種施策を実行し，グループ会社全体の環境整備を図っていきます。

　　当社では，四半期ごとに全社でエンゲージメントサーベイを実施の上，各組織の結果を踏まえて，職場の課題や解決策について継続的に対話を行います。また，グループ会社各社では，同様の従業員満足度調査を実施しています。

　　DE&Iを事業戦略に活用し，多様な人財が個性や能力を発揮するための環境整備，風土醸成を継続的に行います。

　　また，全社員に対するカウンセラー面談とデータに基づく健康施策の実行により心身の健康面のフォローを行います。

③　リスク管理

　（1）に記載の「サステナビリティ全般」における③リスク管理の項目をご参照ください。

④　指標及び目標

　[人材育成方針に関する指標内容，当該指標を用いた目標及び実績]

a. 事業を支える組織・プロ人財の実現

　　各専門領域のプロ人財比率，DX基礎スキル研修修了者の各指標の目標及び実績は，（1）に記載の「サステナビリティ全般」における②戦略の項目をご参照ください。DX基礎スキル研修修了者については，KDDI単体全社員が習得するとともに，グループ会社へ順次拡大しています。

[社内環境整備方針に関する指標内容，当該指標を用いた目標及び実績]

b. 多様な人財が生き生きと働く環境の整備

　　社員エンゲージメントスコア，女性取締役の構成比率，女性経営基幹職の構成比率の各指標の目標及び実績は，（1）に記載の「サステナビリティ全般」における②戦略の項目をご参照ください。社員エンゲージメントスコアについては，同様の従業員満足度調査をグループ会社へ順次拡大しています。

（3）　気候変動 ....

　気候変動については，TCFDフレームワークに準拠して記載しております。

①　ガバナンス

　当社は，事業を通じた社会課題の解決（SDGs）・社会貢献・気候変動対策などのサステナビリティ（持続可能性）に関する課題を審議する機関として，代表取締役社長が委員長を務め取締役会の主要メンバー等で構成するサステナビリティ委員会を設置しています。サステナビリティ委員会では，当社における気候変動に関する重要な課題や取り組みについて確認および議論を行い，リスクと機会に関する監視，監督を行うとともに報告事項などの承認を行う責任を担っています。上期には「前年度目標達成状況の確認」と「目標未達の場合はその要因分析と対策確認」，下期には「当年度目標進捗状況の確認」と「次年度目標の設定」を行います。また，取締役会は四半期ごとに気候変動に関するサステナビリティ委員会からの報告を受け，重要な課題や取り組みに対する施策実施の監督および指示を行っています。

②　戦略

　当社は，2030年を見据えたKDDIのSDGs「KDDI Sustainable Action」を2020年5月に発表し，その中で地球環境の保全を社会課題の一つとして考え，

エネルギー効率の向上と2050年までにCO2排出量実質ゼロの達成を目指すことを公表しました。具体的には，COP21で採択されたパリ協定の合意を受けた「急速に脱炭素社会が実現する2℃未満シナリオ（産業革命前からの世界の平均気温上昇が2℃未満）」と「気候変動対策が何らされず物理的影響が顕在化する4℃シナリオ（産業革命前からの世界の平均気温上昇が4℃）」の2つの分析を行いました。その結果，2017年3月に策定したKDDI環境保全計画「KDDI GREEN PLAN 2017-2030」を「KDDI GREEN PLAN 2030」に改称し，「KDDI環境憲章」のもと，「気候変動対策」「循環型社会の形成」「生物多様性保全」を推進し，地球環境保全により一層貢献することを発表しました。

さらに2022年4月，より積極的なカーボンニュートラルの実現に向けた検討を行った結果，従来の目標を20年前倒しし，2030年度までに自社の事業活動におけるCO2排出量実質ゼロ実現を目指すことを発表しました。

シナリオ分析結果

・急速に脱炭素社会が実現する2℃未満シナリオ（産業革命前からの世界の平均気温上昇を2℃未満とする目標が達成される未来）

参照：IEA（International Energy Agency）World Energy Outlook 2018 Sustainable Development Scenario（SDS），IEA Energy Technology Perspectives 2017 Beyond 2 ℃ Scenario（B2DS），ETP（Energy Technology Perspectives）2017，2020

移行リスク分析		KDDIとしてのリスク内容	KDDIの対応
政策・法規制	炭素税	炭素税課税リスク[※1]	化石燃料電力から再生可能エネルギー電力への切り替えを計画中
	都条例排出規制	削減量未達となったCO_2排出量に対するクレジット（排出枠）買い取りのコスト増加リスク	第三計画期間の削減未達見込み排出量（約5万t-CO_2）への対応として，第二計画期間排出権を購入
消費電力削減・CO_2排出量削減への新技術導入		基地局におけるAI技術や各種設備における省エネ化新技術の開発，CCUS[※2]開発等のコスト増加リスク	各種技術開発への投資
市場・評判		KDDI GREEN PLAN 2030目標未達や再生可能エネルギー化の取り組み遅れによるKDDI企業評価低下および加入者減のリスク	化石燃料電力から再生可能エネルギー電力への切り替えを計画中

※1　2030年度のCO2排出量見込みは約50万t-CO2 のため，炭素税7,700円/t-CO2 の場合，年間約38.5億円の課税を想定

※2　Carbon dioxide Capture, Utilization and Storage（CO2回収・貯留技術）

・気候変動対策が何らされず物理的影響が顕在化する4℃シナリオ（産業革命前からの世界の平均気温が4℃上昇する未来）

物理的リスク分析		KDDIとしてのリスク内容	KDDIの対応
急性	（台風や洪水等の）異常気象による災害の激基化と頻度の上昇	迅速な通信網復旧対応を行うための緊急復旧要員人件費等のコスト増加リスク	BCP[※3]の見直しと災害時復旧訓練実施による効率的な復旧作業への備え

物理的リスク分析		KDDIとしてのリスク内容	KDDIの対応
慢性	平均気温上昇	お客さまからお預かりしたサーバを冷却するための、KDDIデータセンターの空調電力使用量の増加リスク	高効率空調装置の導入や再生可能エネルギーへの置換

※3　Business Continuity Plan（事業継続計画）

参照：IPCC（Intergovernmental Panel on Climate Change）第5次評価報告書

③　**リスク管理**

　当社グループのリスク管理を主管するコーポレート統括本部は，気候変動を含め，当社の財務上および経営戦略上，重大な影響を及ぼすすべての事業部門のリスクの抽出を年2回，半期ごとに実施しています。抽出されたリスクの中で，気候変動に関するリスクについては，環境ISOの仕組みを活用し，環境マネジメントシステム（EMS）のアプローチで管理しています。管理対象のリスクは，関係する各主管部門においてリスク低減に関する定量的な年間目標を策定し，四半期ごとに進捗評価を行います。進捗評価で指摘された改善内容については，サステナビリティ委員会傘下の部会であるカーボンニュートラル部会で報告され，全社・全部門に関係するリスクと機会については，サステナビリティ委員会で議論のうえ承認されます。

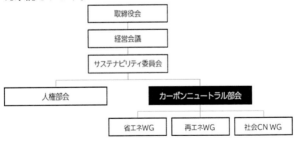

④ 指標及び目標

　当社は，2012年度よりKDDI単体，2021年度より当社グループの温室効果ガス排出量を算出し環境負荷の定量的把握を通じて，気候変動が当社に及ぼすリスクと機会の管理を行っています。以下の指標と目標を掲げ，今後も温室効果ガス排出削減にむけ活動を進めていきます。

CO2排出量	2022年度（推定値、連結）	目標
Scope1（事業者自らによる温室効果ガスの直接排出）	90,920 t-CO2	単体で2030年度、連結で2050年度のカーボンニュートラル達成
Scope2（他者から供給された電気、熱・蒸気の使用に伴う間接排出）の合計値	1,307,873 t-CO2	

　最新情報は，9月以降に公表予定のサステナビリティ統合レポート2023における温室効果ガスScope1＋2の排出量（実績）に関する記載をご参照ください。

3　事業等のリスク

　有価証券報告書に記載した事業の状況，経理の状況等に関する事項のうち，経営者が当社グループの財政状態，経営成績及びキャッシュ・フロー（以下「経営成績等」）の状況に重要な影響を与える可能性があると認識している主要なリスクは，以下のとおりであります。

　また，現時点では必ずしもリスクとして認識されない事項についても，投資家の投資判断上，重要であると考えられる事項については，投資家に対する積極的な情報開示の観点から開示しております。

　当社は，リスクマネジメント活動を一元的に推進する体制を整えています。また，グループ全体の持続的な成長を実現するため，当社のみならず子会社などを含むグループ全体でのリスクマネジメントの推進に取り組んでいます。当社は，会社の危機を未然に防ぐためには，その予兆を把握し，事態が悪化する前に対策を講じることが重要という認識のもと，リスクマネジメント活動のPDCAサイクルを構築しています。また，リスクの発見時には迅速かつ適切な対応がとれる危機管理体制を整備しています。当社は，これらのリスクによる問題発生の可能性を認識した上で，発生の回避及び発生した場合の適時適切な対応に努める所存であります。

本項においては，将来に関する事項が含まれておりますが，当該事項は当連結会計年度末現在において判断したものであり，潜在的リスクや不確定要因はこれらに限られるものではありませんのでご留意ください。

（1）　他の事業者や他の技術との競争，市場や事業環境の急激な変化…………

　新型コロナウイルス感染症の流行により，あらゆる領域で急速なデジタルシフトが進んだことで，通信の果たす役割もますます重要になっています。政府においても，デジタル実装を通じた地域活性化を推進する「デジタル田園都市国家構想」が掲げられ，人々の暮らしやビジネスのデジタル化が加速しています。当社は生活者の新たなライフスタイルをサポートし，経済発展と社会課題の解決を両立するレジリエントな未来社会の創造に向けた取り組みを推進します。

　なお，他の事業者や他の技術との競争，市場や事業環境の急激な変化により，主に以下の事項に不確実性が存在し，当社グループの経営成績等に影響を及ぼす可能性があります。

・当社グループの期待通りの需要が存在するかどうか
・当社グループの期待通りに契約数を維持拡大できるかどうか
・人口減少，高齢化に伴い期待通りの収入をあげられるかどうか
・新規事業への参入等により期待通りの収入をあげられるかどうか
・競争激化に伴う料金値下げによる通信料収入の低下，販売コミッションやお客さま維持コストの増大
・契約者のサービス利用頻度が下がることによる通信料収入の低下
・不測の事態が発生した場合であってもネットワーク及びコンテンツの品質等がお客さまの満足度を維持できるかどうか
・他の事業者と比較して，常により魅力のある端末やコンテンツ等の商品，サービスを提供できるかどうか
・物販事業拡大に伴う商品不具合への対応
・端末の高機能化等に伴う端末価格の上昇販売コミッションの増加
・迷惑メール，主にスマートフォンのセキュリティ脆弱性がもたらす脅威によるお客さま満足度の低下や防止対応コストの増加
・新周波数対応による基地局建設やデータトラフィック急増に伴うネットワー

クコストの増加
- 当社の必要に応じた周波数を獲得できるかどうか
- 新たな高速データ無線技術による競争激化
- 通信方式，端末，ネットワーク，ソフトウェア等における特定技術への依存による影響
- 無料通話アプリ等の拡大に伴う音声通話料収入の縮小
- 他の電気通信事業者との接続料金値上げの可能性
- 異業種との提携，通信と電力等のその他商品とのセット販売，MNO，MVNO事業者の新規参入，他事業者の事業領域の拡大等の事業環境の変化に伴う競争の激化
- 金融事業における競争において期待通りの収入を上げられるかどうか
- 金融事業の市況変動及び債務者の信用状況の悪化により，不良債権の増加や担保不動産価値の減少が生じることによる貸倒引当金の追加計上
- 燃料高騰等による通信設備コストの増加及びエネルギー事業における電力調達コストの増加

(2) 通信の秘密及び顧客情報の不適切な取り扱いや流出，及び，当社の提供する製品・サービスの不適切な利用等 ·······················

　近年，第三者によるサイバー攻撃等によって，重要な機密情報が外部流出する事故やサービス不正利用が世界的に発生しており，大きな社会問題となっています。地政学的な緊張の高まりを背景に，政府ではサイバーセキュリティ対策に向けた法整備も進められております。

　当社は電気通信事業者として通信の秘密の保護を遵守するとともに，取り扱う情報資産の保護，管理に関して，情報セキュリティ委員会を設置し，内部からの情報漏洩防止及び外部ネットワークからの不正侵入の防止に関わる全社的対応策の策定及びGDPR等グローバル法制度の対応を実施しております。

　「KDDI行動指針」の制定，「KDDIセキュリティポリシー」及び「KDDIプライバシーポリシー」の制定，企業倫理委員会の設置等，KDDIグループとしてコンプライアンス体制を確立し，顧客情報を管理している顧客情報システムの利用権限

(point) **対処すべき課題**

　有報のなかで最も重要であり注目すべき項目。今，事業のなかで何かしら問題があればそれに対してどんな対策があるのか，上手くいっている部分をどう伸ばしていくのかなどの重要なヒントを得ることができる。また今後の成長に向けた技術開発の方向性や，新規事業の戦略ついての理解を深めることができる。

の管理，利用監視の強化，アクセスログの保存，社内データの持ち出しや業務パソコンから外部メモリーへのコピーの禁止等，技術的，組織的，人的の観点から各種安全管理措置を強化しております。

　これらの啓発活動として，当社全社員に対しては継続的に通信の秘密及び顧客情報の保護に関する教育を行い，また，業務委託先，特に販売店であるauショップに対しても，店舗業務の改善，定期的な監査，並びに教育を徹底し，管理強化を図っております。さらに，適正な顧客情報の取り扱いを行うために，社内組織の整備，第三者による評価の実施，サービス導入前のプライバシー影響評価（PIA）の導入等の対応を実施しております。

　また，サイバー攻撃による事業影響の回避や低減に向け，事業を担うシステムが守るべきセキュリティ対策の基準をセキュリティ規程として定め，規程への準拠状況を審査しています。本審査を，システムの企画から開発への移行フェーズにおいて厳格に実施することで，企画・設計段階からセキュリティ対策を考慮した「セキュリティバイデザイン」を実現するだけでなく，AI技術を活用した監視機能を導入することによりシステムのセキュリティを強化し，安心・安全なサービスの提供に努めています。

　更に，KDDIでは，フィッシング詐欺を検知し関連機関と連携することで偽サイトによる被害の拡大抑止を図るとともに，サービスにおける認証等の不備を発生させないことを目的として，サービスセキュリティに特化したKDDI-SSIRT（Service Security Incident Readiness & response Team）を設置し，被害の未然防止の取組みを推進しています。

　フィッシング詐欺の手口は日々巧妙化しているため，継続的に各サービスのプロアクティブなセキュリティ強化を進めると共に，新たな脅威への対策にも取り組んでいきます。

　これらの取り組みにもかかわらず，従業員の故意・過失，または悪意を持った第三者によるサイバー攻撃等により，通信の秘密及び顧客情報の漏洩，サービス停止・サービス品質低下した場合，もしくは，当社の提供する製品・サービスが不適切に利用された場合，当社グループのブランドイメージや信頼性の失墜，補償・課徴金を伴う可能性があります。また，将来的に通信の秘密及び顧客情報保

護，サイバー攻撃防護体制の整備のため，更なるコストが増加する可能性があり，当社グループの経営成績等に悪影響を及ぼす可能性があります。

(3)　通信障害・自然災害・事故等 ·······································

　当社グループは音声通信，データ通信等のサービスを提供するために，国内外の通信ネットワークシステム及び通信機器等に依存しております。ネットワークシステムや通信機器の障害などによるサービスの停止が発生した場合，当社グループのブランドイメージや信頼性の失墜，顧客満足度の低下により経営成績等に影響を及ぼす可能性があります。

　また，大規模な誤請求・誤課金，販売代理店の閉鎖や物流の停止に伴う商品・サービスの提供機会損失，SNSなどの媒体を通じた風評被害等が発生した場合も同様の影響が生じる可能性があります。

　当社グループは通信障害・自然災害・事故等によるサービスの停止，中断等のリスクを可能な限り低減するため，ネットワークの信頼性向上とサービス停止の防止対策に取り組んでおります。具体的には災害時においても通信サービスを確保できるよう，防災業務実施の方針を定め，災害に備えた対策を図り，国内外の関係機関と密接な連絡調整を行っています。災害が発生した場合には，各社組織の各機能を最大限に発揮して24時間365日，通信の疎通確保と施設の早期復旧に努めております。

　当社連結子会社であるKDDI Summit Global Myanmar Co., Ltd. は，ミャンマー運輸通信省傘下組織であるミャンマー国営郵便・電気通信事業体の通信事業運営のサポートを行っておりますが，2021年2月に発生した政変によって事業活動が制限されるなどした場合，当社グループの経営成績等に影響を及ぼす可能性があります。

　ウクライナ情勢等について，現時点における当社グループへの影響は軽微と考えておりますが，先行きが不透明な状況にあり，今後の内外経済に与える影響等により，当社グループの経営成績等に影響を及ぼす可能性があります。

　新型コロナウイルス感染症の影響による当社グループの業績への影響は現時点で軽微と考えておりますが，今後の感染拡大の状況によっては当社グループの事

(point) **事業等のリスク**

　「対処すべき課題」の次に重要な項目。新規参入により長期的に価格競争が激しくなり企業の体力が奪われるようなことがあるため，その事業がどの程度参入障壁が高く安定したビジネスなのかなど考えるきっかけになる。また，規制や法律，訴訟なども企業によっては大きな問題になる可能性があるため，注意深く読む必要がある。

業活動及び経営成績等に影響を及ぼす可能性があります。

　当社グループのサービスの提供が停止する主な事由として以下のものが考えられます。

- ・地震及び津波，台風，洪水等の自然災害やそれに伴う有害物質の飛散等の2次災害
- ・感染症の世界的流行（パンデミック）
- ・戦争，テロ，事故その他不測の事態
- ・電力不足，停電
- ・コンピューターウィルス，サイバー攻撃，ハッキング
- ・オペレーションシステムのハード，ソフトの不具合
- ・通信機器等の製品やサービスに係る欠陥

（4）　電気通信事業等に関する法規制，政策決定等 ……………………………

　電気通信事業をはじめ，電気事業や金融事業等に関する法律，規制の改廃または政策決定等が，当社グループの経営成績等に影響を及ぼす可能性があります。当社グループのブランドイメージや信頼性に影響を与える社会的問題を含め，こうした法規制や政策決定等に対して当社グループは適切に対応していると考えておりますが，将来において適切な対応ができなかった場合には，当社グループの経営成績等に影響を及ぼす可能性があります。

　また，今後の競争政策の在り方について，総務省等における様々な審議会や研究会，意見募集等を通じて，他の電気通信事業者等との公正競争を有効に機能させるための措置の必要性を訴えておりますが，この取り組みに関わらず結果として当社の競争優位性が相対的に損なわれた場合にも，当社グループの経営成績等に影響を及ぼす可能性があります。

　電気通信事業等に関する法律，規制の改廃または政策決定や当社グループの競争優位性等の観点で，以下の電気通信事業をはじめ，電気事業や金融事業等の政策決定等に限らず，不確実性が存在しています。

- ・事業者間接続料金の算定方式，会計制度の見直し
- ・指定電気通信設備制度，禁止行為規制の見直し

- ユニバーサルサービス制度の見直し
- MNO，MVNO等による移動通信事業への新規事業者参入
- 周波数割り当て制度の見直し
- 電波利用料制度の見直し
- 電波の健康への影響に関する規制
- NTT東・西の固定電話網のIP網への移行に関するルール
- NTTグループの事業の在り方に関する規制
- 独占禁止法及びそれに関するルール
- 消費者保護に関するルール
- 有害サイト等の増加等によるインターネットに関するルール
- インターネットのサービス品質計測及び広告表示に関するルール
- 電話リレーサービス制度の見直し
- 電気小売に関するルール
- 金融事業に関するルール
- データの管理・利活用に関するルール
- プラットフォーマーに関する規制
- 経済安全保障の確保に関するルール

（5）　公的規制

　当社グループは，事業展開する各国において，事業・投資の許可，国家安全保障，さまざまな政府規制の適用を受けております。また，通商，独占禁止法，特許，消費者，租税，為替，環境，労働，金融，電力等の法規制の適用を受けております。当社グループはこれらの法規制に係る情報を早期に収集し，必要な手続・対応を行っております。なお，これらの規制が強化された場合や当社グループ及び業務委託先等において規制を遵守できなかった場合，当社グループの活動が制限され，コストの増加につながる可能性があります。

（6）　訴訟・特許

　当社グループは，国内外で事業活動を行っており，その遂行に当たっては，各

国の法令その他社会規範を遵守し，公正で健全な企業活動を行っております。また，保有する商品，技術またはサービスに係る知的財産権を保護するとともに，第三者の知的財産権を侵害しないよう努めています。なお，予期せぬ知的財産権を含む各種権利等の侵害を理由とする訴訟が提訴され，当社グループの経営成績等に影響を及ぼす可能性があります。

(7) 人材の確保・育成・労務管理

　当社グループは，技術革新に即応すべく全社をあげて人材育成，キャリア形成の支援に注力しておりますが，期待通りの効果が出るまで一定の期間を要することがあり，将来的に人材投資コストが増加する可能性があります。また，当社グループは法令に基づき適正な労務管理，働き方改革の推進に努めております。なお，将来において適切な対応ができなかった場合には，当社グループのブランドイメージや信頼性の失墜により，経営成績等に影響を及ぼす可能性があります。

(8) 退職給付関係

　当社グループは，確定給付企業年金制度（基金型），退職一時金制度（社内積立）ならびに確定拠出年金制度を設けております。定期的に退職給付債務の将来予測に基づく資産運用方針，運用機関の見直しを行っております。なお，今後当社グループの年金資産の運用利回り低下により年金資産の時価が下落した場合，または，退職給付債務を計算する上での前提条件（割引率，人員構成，昇給率等）が大幅に変更になった場合に損失が発生する可能性があります。

(9) 減損会計

　当社グループは，IFRSに準拠して資産の減損の兆候の判定や減損テスト等を行い適切な処理を行っております。将来において事業状況が悪化した場合，回収可能価額の低下により，保有するのれんを含む資産の減損損失が発生する可能性があります。

（10） 電気通信業界の再編及び当社グループの事業再編 ....

　当社グループは，市場環境の変化に対して，事業戦略の着実な推進や必要に応じて事業再編を行っておりますが，国内外の電気通信業界の再編が，当社グループの経営成績等に影響を及ぼす可能性があります。

4　経営者による財政状態，経営成績及びキャッシュ・フローの状況の分析

（1）　経営成績等の状況の概要 ....

　当連結会計年度における当社グループの財政状態，経営成績及びキャッシュ・フロー（以下「経営成績等」）の状況の概要は次のとおりであります。

①　財政状態及び経営成績の状況

a.　経営成績の状況

■業界動向と当社の状況

　当社は，昨年7月の通信障害発生以降，通信基盤強化に向けた検証を徹底的に行うことに加え，品質・サービス向上に向けた推進体制の整備や，全社対策訓練の実施などを通じて，再発防止・品質改善に努めてまいりました。

　今後も，社会インフラを支える通信事業者として，より一層，お客さまに安心して快適にご利用いただける通信ネットワークの提供に全社を挙げて取り組んでまいります。

　新型コロナウイルス感染症の流行により，あらゆる領域で急速なデジタルシフトが進んだことで，通信の果たす役割もますます重要になっています。政府においても，デジタル実装を通じた地域活性化を推進する「デジタル田園都市国家構想」が掲げられ，人々の暮らしやビジネスのデジタル化が加速しています。

　当社は昨年5月，事業環境の変化に対応しながら「ありたい未来社会」を実現するため，「KDDI VISION 2030：「つなぐチカラ」を進化させ，誰もが思いを実現できる社会をつくる。」を新たに掲げ，長期的な視点で社会課題とKDDIグループの経営の重要度を総合的に網羅した新重要課題（マテリアリティ）を策定しました。

　加えて，同時に発表した「中期経営戦略（2022-24年度）」では，パートナーの

皆さまとともに社会の持続的成長と企業価値の向上を目指す「サステナビリティ経営」を根幹に据えました。5Gの特性を活かすことにより「つなぐチカラ」を進化させ，あらゆるシーンに通信が「溶け込む」ことで，新たな価値が生まれる時代を目指します。また，こうした5Gによる通信事業の進化と通信を核とした注力領域の拡大を図り，さらにそれらを支える経営基盤を強化します。

　具体的には①DX（デジタルトランスフォーメーション）②金融 ③エネルギー④LX（ライフトランスフォーメーション）⑤地域共創（CATV等）からなる5つの注力領域を中心とした「サテライトグロース戦略」を推進していきます。特にDXでは，通信がIoTという形であらゆるモノ（車，工業設備，各種メーターなど）に溶け込み，お客さまが意識することなく5Gを活用できる環境を整備するとともに，さまざまな業界ごとの個別ニーズに応じたビジネスプラットフォームを提供し，お客さまのビジネス創造をサポートしていきます。その中で新たに生まれた付加価値によって，人々の暮らしがトランスフォームされていくようなDXの好循環を目指します。

　また当社は，地球規模で大きな課題となっているカーボンニュートラルをはじめとするサステナビリティ課題についても積極的に取り組みます。KDDI単体で2030年度，グループ全体では2050年度のCO_2排出量実質ゼロの実現を目指し，携帯電話基地局・通信設備などでの省電力化や再生可能エネルギーへのシフトを強力に推進していきます。なお，KDDIグループは昨年2月，国際的な気候変動イニシアチブ「SBTi（Science Based Targets initiative）」によるSBT認定を取得しました。2021年4月には気候関連財務情報開示タスクフォース（TCFD）の提言への賛同を表明しています。

　従来，財務領域と非財務領域を掲載していた「統合レポート」と，サステナビリティに関する情報を主に掲載していた「サステナビリティレポート」を合冊し，昨年10月には「サステナビリティ統合レポート2022」を発行しました。

　さらに，変化の激しい事業環境の中で持続的に成長し続けていくためには，イノベーションの推進，社員や組織の高度な自律性と成長を促す「人財ファースト企業」への変革が不可欠であり，イノベーションの推進においては，5G及びBeyond 5Gの研究開発，設備投資を強化していきます。また，サテライトグロー

ス戦略に基づく事業創造・研究開発・AI・先進セキュリティ技術への取組みを加速し，スタートアップとのコラボレーションなどパートナーシップをより深化させていきます。加えて，「人財ファースト企業」への変革については，「KDDI版ジョブ型人事制度」「社内DXの推進」「KDDI 新働き方宣言の実現」の3つの柱で推し進め，「KDDI DX University」の活用による全社員のDXスキル向上とプロフェッショナル人財の育成により，注力領域への要員シフトも実行していきます。

　当社では創業以来，経営層と従業員の共通の考え方・行動規範として「KDDIフィロソフィ」の浸透と実践を図ってきました。こうした企業姿勢と，人権を尊重し，透明性・公正性を担保したコーポレート・ガバナンス体制との相乗効果により，リスクマネジメント・情報セキュリティ体制の強化を進め，グループ一体経営の推進に努めていきます。

■連結業績

（単位：百万円）

	2022年3月期 自 2021年4月1日 至 2022年3月31日	2023年3月期 自 2022年4月1日 至 2023年3月31日	比較増減	増減率 （%）
売　　上　　高	5,446,708	5,671,762	225,054	4.1
売　　上　　原　　価	2,984,589	3,260,030	275,442	9.2
売　上　総　利　益	2,462,119	2,411,731	△50,388	△2.0
販売費及び一般管理費	1,422,539	1,408,391	△14,148	△1.0
その他の損益（△損失）	15,221	67,840	52,619	345.7
持分法による投資利益	5,791	4,569	△1,223	△21.1
営　業　利　益	1,060,592	1,075,749	15,157	1.4
金融損益（△損失）	2,457	1,517	△940	△38.3
その他の営業外損益（△損失）	1,448	612	△836	△57.7
税引前当期利益	1,064,497	1,077,878	13,381	1.3
法人所得税費用	331,957	339,484	7,527	2.3
当　期　利　益	732,540	738,394	5,855	0.8
親会社の所有者	672,486	677,469	4,983	0.7
非支配持分	60,054	60,926	872	1.5

　当期の売上高は，前期と比較し，エネルギー事業収入 や金融事業収入の増加等により，5,671,762百万円（4.1％増）となりました。

　営業利益は，前期と比較し，燃料高騰及び通信障害による影響があったものの，売上高の増加等により，1,075,749百万円（1.4％増）となりました。

　親会社の所有者に帰属する当期利益は，677,469百万円（0.7％増）となりま

(point) **財政状態，経営成績及びキャッシュ・フローの状況の分析**

　「事業等の概要」の内容などをこの項目で詳しく説明している場合があるため，この項目も非常に重要。自社が事業を行っている市場は今後も成長するのか，それは世界のどの地域なのか，今社会の流れはどうなっていて，それに対して売上を伸ばすために何をしているのか，収益を左右する費用はなにか，などとても有益な情報が多い。

した。

　当社を取り巻く事業環境において，新型コロナウイルス感染症による影響が生じておりますが，事業戦略の推進及び経営基盤の強化に引き続き取り組んできており，当期における業績においては重要な影響を与えておりません。

b．セグメント別の状況
パーソナルセグメント

　パーソナルセグメントでは，個人のお客さま向けにサービスを提供しています。日本国内においては，「au」「UQ mobile」「povo」のマルチブランドで提供する5G通信サービスを中心に，金融，エネルギー，LXなどの各種サービスを連携し拡充することで，新たな付加価値・体験価値の提供を目指しています。

　また，過疎化・高齢化などによる地域社会が抱える課題に向き合い，地域のパートナーとともに，デジタルデバイド解消とサステナブルな地域共創の実現を目指しています。

　一方，海外においては，国内で培った事業ノウハウを生かし，ミャンマーとモンゴルの個人のお客さま向けに，通信サービス，金融サービス及び映像等のエンターテインメントサービスの提供にも積極的に取り組んでいます。

＜当期のトピックス＞
●お客さま一人ひとりのニーズに合った料金を自由にお選びいただけるよう，ブランドスローガンの異なる3つのブランドを5Gにも対応して提供しています。「おもしろいほうの未来へ。」の「au」，「シンプルを，みんなに。」の「UQ mobile」，「君にピッタリの自由へ，一緒に。」の「povo」のマルチブランドで，ブランドごとの特長を生かした取組みを進めています。

　auでは，データ使い放題（※1）の料金プラン「使い放題MAX 5G」をはじめ，人気の動画サービスがセットになった「使い放題MAX 5G Netflixパック（P）」など，5Gの高速・大容量通信を生かした，auならではの5Gサービスを提供しています。また，本年2月より，データ通信をあまり使われないお客さま向けに，ご利用のデータ容量に応じた月額料金が自動的に適用される「スマホミニプラン」の提供を開始しました。そのほか，スマートフォンを初めてご利用

になるお客さま向けには，月間データ容量が20GBの「スマホスタートプラン」と4GBの「スマホスタートプランライト」の提供を新たに開始するなど，お客さま一人ひとりのライフスタイルにあわせたご利用を提案しています。

UQ mobileでは，余ったデータ容量を繰り越しできるお得なプランを月額990円（税込）から提供するなど，お一人でもご家族でもお得にご利用いただける料金プランを提供しています。また，本年2月からオプションサービスの「安心セキュリティセット」を提供開始し，より安心・安全にスマートフォンをご利用いただけるよう取り組んでいます。

オンライン専用ブランド「povo」では，お客さまのご利用形態に合わせて選べる通常ラインアップのトッピングに加え，多様な使い方ができる期間限定のおトクなトッピングや，対象店舗やサービスのご利用でデータ容量を貯めることができる「＃ギガ活」などを提供しています。また，本年3月からご自宅に眠っているスマートフォンをデータ容量に交換する買い取りサービス「スマホギガトレード」を開始するなど，さまざまなご利用スタイルを提案しています。

●サテライトグロース戦略の中核を担う通信の基盤となるエリア構築では，「ずっと，もっと，つなぐぞ。au」をスローガンに，より多くのお客さまに5Gを快適にご利用いただけるよう，生活動線を重視し，主要な鉄道路線や商業地域などの5Gエリア化を進めています。

衛星ブロードバンドインターネット「Starlink」をau通信網のバックホール回線として利用することにより，これまでサービス提供が困難とされていた山間部や島しょ地域など全国約1,200カ所へ基地局の展開を進めていきます。さらに今後，「Starlink」を利用した車載型基地局と可搬型基地局を全国に順次導入し，地震や台風などによる自然災害が発生した際，通信の圏外地域に本基地局を展開することで，迅速な通信の復旧の実現を目指していきます。

また，本年3月から，ソフトバンク株式会社と連携しauまたはUQ mobile回線の通信がつながりにくい時にも通信サービスをご利用いただける「副回線サービス」の提供を開始しました。「副回線サービス」は他社で別途回線を申し込みいただく手間なく，ワンストップの簡易なお手続きでお申し込みいただけます。

●ポイント・決済領域では，「たぬきの吉日」として，毎月５のつく日（５日・15日・25日）と８日に，auまたはUQmobileのお客さま向けに，対象加盟店でau PAYのポイント還元率が最大５％（※２）となる特典を提供しています。auスマートパスプレミアムにおいても，au PAYで使える「毎月毎週もらえるクーポン」を提供し，今後も日常がもっと楽しくなるおトクなサービスで，お客さまとの接点を強化していきます。

　また，本年１月から，環境省が推進する「グリーンライフ・ポイント」事業に参画しており，環境に配慮した取組みを行っているau PAY加盟店でのお買い物や，フードロスの削減に貢献するau PAY マーケットでのお買い物などに対するポイント還元を通じ，お客さまとともに環境に優しいライフスタイルを目指していきます。

●金融事業では，昨年８月にau PAY カードの会員数が800万人に，昨年12月にはauじぶん銀行の預金口座数が500万口座に到達しました。本年２月には，月額保険料の１％相当のPontaポイントを還元する「auの生命ほけん」を開始するなど，金融サービスの更なる魅力向上を図っていきます。

　また，エネルギー事業では，本年１月にauリニューアブルエナジー企画株式会社（現：auリニューアブルエナジー株式会社）を設立し，「カーボンニュートラルの実現」に貢献するため，再生可能エネルギー発電の事業化を目指し取り組んでいます。さらに同月，auエネルギー＆ライフ株式会社では太陽光パネル所有の家庭向けに「auでんき太陽光電力買取サービス」を提供開始するなど，再生可能エネルギーの普及促進の取組みも進めています。

●LXでは，本年３月から，現実と仮想を軽やかに行き来する新しい世代に寄り添い，誰もがクリエイターになりうる世界に向けたメタバース・Web3サービス「αU（アルファユー）」の提供を開始しています。「もう，ひとつの世界。」のコンセプトのもと，αUを冠として，メタバースでエンタメ体験や友人との会話を楽しめるαU metaverse，デジタルアート作品などのNFTを購入できるαU market，NFTや暗号資産を管理できるαU walletを商用サービスとして提供するほか，360度自由視点の高精細な音楽ライブを楽しめるαU live，実店

舗と連動したバーチャル店舗でショッピングができる α U place など，メタバース・Web3 でのお客様体験を拡張しています。

● ミャンマーでは（※3），今後も，現地情勢を注視しつつ，関係者の安全確保を念頭に，生活に不可欠な通信サービスの維持に努めていきます。

　また，モンゴルでは，連結子会社である Mobicom Corporation LLC が，他者に先駆ける形で本年2月にインターネット上での契約手続きが可能となるポストペイドプラン「hyper」の提供を開始しました。今後はショップがない地域でもモビコム公式アプリで手続きが出来ることとなり，地域格差の解消に貢献しています。引き続き，同国第1位の通信事業者として，同国の経済発展と国民生活の充実に寄与していきます。

※1　データ使い放題のスマートフォン料金プランの場合も，テザリング・データシェア・国際ローミング通信（世界データ定額）には，データ容量の上限があります。大量のデータ通信のご利用時，混雑時間帯の通信速度を制限する場合があります。動画などの視聴時には通信速度を制限します。
※2　ベースポイント還元0.5％と合わせ，auのお客さまは最大5％還元，UQ mobileのお客さまは最大3％還元となります。本特典は毎月エントリーをしていただいたお客さまが対象となります。
※3　連結子会社である KDDI Summit Global Myanmar Co., Ltd. が，ミャンマー国営郵便・電気通信事業体（MPT）の通信事業運営のサポートを行っています。

　パーソナルセグメントにおける，当期の業績概要等は以下のとおりです。

■業　績

（単位：百万円）

	2022年3月期 自 2021年4月1日 至 2022年3月31日	2023年3月期 自 2022年4月1日 至 2023年3月31日	比較増減	増減率 （％）
売　　上　　高	4,669,208	4,833,567	164,360	3.5
営　業　利　益	867,092	880,308	13,216	1.5

　当期の売上高は，前期と比較し，エネルギー事業収入や金融事業収入の増加等により，4,833,567百万円（3.5％増）となりました。

　営業利益は，前期と比較し，売上高の増加等により，880,308百万円（1.5％増）となりました。

ビジネスセグメント

　ビジネスセグメントでは，日本国内及び海外において，幅広い法人のお客さま

向けに，スマートフォン等のデバイス，ネットワーク，クラウド等の多様なソリューションに加え，「TELEHOUSE」ブランドでのデータセンターサービス等を提供しています。

　さらに，当社は，「中期経営戦略（2022-24年度）」において，5Gによる通信事業の進化と，通信を核とした注力領域の事業拡大を図る「サテライトグロース戦略」を発表しました。ビジネスセグメントでは，5G通信を中心としてIoTやDXなど，お客さまのビジネスの発展・拡大に貢献するソリューションを，パートナー企業との連携によってグローバルにワンストップで提供していきます。

　また，日本国内の中小企業のお客さまについては，連結子会社のKDDIまとめてオフィスグループによる地域に密着したサポート体制を全国規模で実現しています。

＜当期のトピックス＞

●当社のIoT累計回線数は，昨年12月に当社単独で3,000万回線を突破するなど順調に拡大しており，国内ではトップシェアとなっています。とりわけ社会インフラ（コネクティッドカーや電力，ガス，スマートメーター等）とグローバルの領域で大きく伸長しており，このような重要インフラでのIoTの活用について，約20年にわたる豊富な運用実績と保守管理体制を有していることが強みです。中期的には2025年度内に4,400万回線の到達を目指しており，通信その他の社会インフラ・つながるクルマに対して革新的なソリューションを提供することで，サステナブルな産業・インフラ環境の実現に貢献していきます。

　海外においては，ローカライズとグローバル標準の最適な組み合わせにより，支援範囲はコネクティッドカーに留まらず，お客さまの海外拠点のDXや，幅広い産業へのプラットフォーム提供など，大きな拡がりを見せています。今後，新たな付加価値をさらに生み出していくために，さまざまな業界ごとのプラットフォームを提供し，お客さま企業のDXを加速していきます。

●当社は，企業のDX支援を強化するため，昨年5月に中間持株会社であるKDDI Digital Divergence Holdings株式会社（以下「KDH」）を設立しました。KDHはDX推進に必須となるケイパビリティを持つ事業会社をグループに有しており，今後さらにM＆Aや業務提携などの実施も検討し，お客さま支援体制

を強化していきます。

　また，昨年6月には三井物産株式会社 と共同で，AI・人流分析 で都市DXを推進する 株式会社GEOTRA（以下「GEOTRA」）を設立しました。GEOTRAではAIやau位置情報を活用して，人々の移動手段・時間・目的などを把握・予測可能とするプラットフォーム・分析サービス「GEOTRA Activity Data」の提供を開始しており，スマートシティ開発などに関わる企業や自治体など，さまざまな事業者の企画・政策に関する意思決定高度化への貢献を目指します。

● KDDIスマートドローン株式会社（以下「KDDIスマートドローン」）と，株式会社補修技術設計（以下「補修技術設計」）は，昨年6月にドローンを活用した橋梁点検サービスの提供を開始しました。現在，日本にある約73万橋（橋長2m以上）の橋梁のうち，2025年には約42％（約30万橋）が建設後50年を迎え，橋梁の老朽化対策が急務となる一方，近年では事業者の人手不足などが課題となっています。また，道路における橋長2m以上の橋梁である道路橋の点検は5年に1回の頻度での近接目視点検を基本とすることが定められていますが，2019年3月からはドローンで撮影した映像での点検も認められるようになりました。

　本サービスは，KDDIスマートドローンがこれまで培ったドローンの運用ノウハウに加え，補修技術設計が長年取り組んできた社会基盤構築物（橋梁，トンネル，上下水道など）の補修・補強分野における工事サポートや，調査・補修設計技術のノウハウを組み合わせたものとなります。ドローンを遠隔自律飛行させ，一度のフライトで点検作業を行うことや，橋梁撮影画像の3Dモデリングにより老朽化インフラの補修箇所をAIで瞬時に判定し，橋梁の損傷個所などを細部まで確認することが可能となる本サービスを通じて，事業者の作業効率化に加え，日本の橋梁の安全性の確保に貢献していきます。

● 当社の欧州現地法人であるTelehouse International Europeは，昨年3月に英国ロンドン市内のTELEHOUSEで5棟目となるCO_2排出量実質ゼロのデータセンター「TELEHOUSE South」を開業しました。当データセンターは接続性，拡張性，セキュリティを求めるお客さまのニーズに対応していることから，英国最大手の通信事業者やISPなど，合計900社以上が接続している世界有数

のインターコネクションデータセンターで，風力，太陽光，バイオマス，水力発電から調達した再生可能エネルギー100%で運営しています。昨年4月には，この「TELEHOUSE South」を含め，TELEHOUSE ブランドで展開している全世界のデータセンターについて，2026年度までにCO2排出量実質ゼロ実現を目指すことを発表しました。

当社は30年以上にわたって世界10カ国以上において「TELEHOUSE」ブランドでデータセンター事業を展開してきた実績があり，ビジネスセグメントにおける成長分野と位置付けています。2023年度には，バンコク，パリ，フランクフルトにも新棟の開業を予定しており，拠点数は合計47拠点となります。今後も最新設備とコネクティビティを生かしたデータセンター事業で，お客さまのビジネス成長をサポートしていくとともに，グローバルで高品質なデータセンターを展開するTELEHOUSEの経験を生かし，データセンター事業のさらなる拡大を図っていきます。

当社は，法人のお客さまのビジネスの発展・拡大に一層貢献し，お客さまから真の事業パートナーとしてお選びいただくことを目指し，事業の変革に取り組んでいきます。

ビジネスセグメントにおける，当期の業績概要等は以下のとおりです。

■業 績

（単位：百万円）

	2022年3月期 自 2021年4月1日 至 2022年3月31日	2023年3月期 自 2022年4月1日 至 2023年3月31日	比較増減	増減率 (%)
売　　　上　　　高	1,042,120	1,108,807	66,687	6.4
営　　業　　利　　益	187,072	190,808	3,736	2.0

当期の売上高は，前期と比較し，コーポレートDX・ビジネスDX・事業基盤サービスで構成されるNEXTコア事業の成長によるソリューション収入の増加等により，1,108,807百万円（6.4%増）となりました。

営業利益は，前期と比較し，燃料高騰及び通信障害による影響はあったものの，売上高の増加等により，190,808百万円（2.0%増）となりました。

c. 財政状態の状況

	2022年3月期	2023年3月期	比較増減
資産合計（百万円）	11,084,379	11,917,643	833,264
負債合計（百万円）	5,573,715	6,252,863	679,148
資本合計（百万円）	5,510,663	5,664,780	154,116
親会社の所有者に帰属する持分（百万円）	4,982,586	5,122,409	139,823
親会社所有者帰属持分比率（％）	45.0	43.0	△2.0
1株当たり親会社所有者帰属持分（円）	2,249.27	2,374.65	125.38
有利子負債残高（百万円）	1,600,104	1,651,437	51,332

（資産）

　　資産は，現金及び現金同等物等が減少したものの，金融事業の貸出金，営業債権及びその他の債権等が増加したことにより，前連結会計年度末と比較し，833,264百万円増加し，11,917,643百万円となりました。

（負債）

　　負債は，コールマネー等が減少したものの，金融事業の預金，債券貸借取引受入担保金等が増加したことにより，前連結会計年度末と比較し，679,148百万円増加し，6,252,863百万円となりました。

（資本）

　　資本は，親会社の所有者に帰属する持分の増加等により，5,664,780百万円となりました。

　　以上の結果，親会社所有者帰属持分比率は，前連結会計年度末の45.0％から43.0％となりました。

② キャッシュ・フローの状況 ‥‥‥‥‥‥‥‥‥‥‥‥‥‥‥‥‥‥‥‥‥

（単位：百万円）

	2022年3月期	2023年3月期	比較増減
営業活動によるキャッシュ・フロー	1,468,648	1,078,869	△389,780
投資活動によるキャッシュ・フロー	△761,593	△732,480	29,112
フリー・キャッシュ・フロー　※	707,056	346,389	△360,667
財務活動によるキャッシュ・フロー	△727,257	△669,837	57,420
現金及び現金同等物に係る換算差額	7,012	7,087	74
現金及び現金同等物の増減額（△は減少）	△13,189	△316,361	△303,172
現金及び現金同等物の期首残高	809,802	796,613	△13,189
現金及び現金同等物の期末残高	796,613	480,252	△316,361

※　フリー・キャッシュ・フローは「営業活動によるキャッシュ・フロー」と「投資活動によるキャッシュ・

フロー」の合計であります。

　営業活動によるキャッシュ・フロー（収入）は，前期と比較し，金融事業の貸出金の増加幅が大きくなったこと等により，389,780百万円減少し，1,078,869百万円の収入となりました。

　投資活動によるキャッシュ・フロー（支出）は，前期と比較し，金融事業の有価証券の売却または償還による収入の増加等により，29,112百万円減少し，732,480百万円の支出となりました。

　財務活動によるキャッシュ・フロー（支出）は，前期と比較し，社債発行及び長期借入による収入の増加等により，57,420百万円減少し，669,837百万円の支出となりました。

　また，上記キャッシュ・フローに加えて，現金及び現金同等物に係る換算差額により7,087百万円増加した結果，当連結会計年度末における現金及び現金同等物の残高は，前連結会計年度末と比較し，316,361百万円減少し，480,252百万円となりました。

③　営業実績 ···

　当連結会計年度における営業実績をセグメントごとに示すと，次のとおりであります。

セグメントの名称	金額（百万円）	前期比（%）
パーソナル	4,833,567	3.5
ビジネス	1,108,807	6.4
その他	89,465	4.7
セグメント間の内部売上高	△360,077	－
合計	5,671,762	4.1

（注）　金額は外部顧客に対する売上高とセグメント間の内部売上高の合計であります。

(2)　経営者の視点による経営成績等の状況に関する分析・検討内容 ············

　経営者の視点による当社グループの経営成績等の状況に関する認識及び分析・検討内容は次のとおりであります。

　なお，文中の将来に関する事項は，当連結会計年度末現在において判断したものであります。

① 重要な会計上の見積り及び当該見積りに用いた仮定

　当社グループの連結財務諸表は，「連結財務諸表の用語，様式及び作成方法に関する規則」第93条の規定により，国際会計基準に準拠して作成しております。この連結財務諸表の作成に当たって，必要と思われる見積りは，合理的な基準に基づいて実施しております。

　なお，当社グループの連結財務諸表で採用する重要な会計方針は，「第5　経理の状況　1.連結財務諸表等　連結財務諸表注記　3.重要な会計方針」に記載しております。また，会計上の見積り及び当該見積りに用いた仮定は，「第5　経理の状況　1.連結財務諸表等　連結財務諸表注記　2.作成の基礎　(4)見積り及び判断の利用」に記載しております。

　前連結会計年度末においては，新型コロナウイルス感染症による影響は，少なくとも2022年度を通して影響を及ぼすとの仮定をおいておりました。当期の連結財務諸表の作成にあたって，新型コロナウイルス感染症による翌連結会計年度以降の影響は軽微との仮定を置いて，会計上の見積りを行っております。ただし，今後の状況の変化によって判断を見直した結果，翌連結会計年度以降の連結財務諸表において重要な影響を与える可能性があります。

② 当連結会計年度の経営成績等の状況に関する認識及び分析・検討内容

a. 経営成績の分析

（売上高）

　前期と比較し，エネルギー事業収入や金融事業収入の増加等により，5,671,762百万円（4.1％増）となりました。内訳につきましては「第5　経理の状況　1.連結財務諸表等　連結財務諸表注記　24.売上高」をご参照ください。

（売上原価，販売費及び一般管理費）

　前期と比較し，エネルギー事業原価や通信設備使用料及び賃借料の増加等により4,668,421百万円（5.9％増）となりました。内訳につきましては「第5　経理の状況　1.連結財務諸表等　連結財務諸表注記　25.費用の性質別内訳」をご参照ください。

(point) 設備投資等の概要

　　セグメントごとの設備投資額を公開している。多くの企業にとって設備投資は競争力向上・維持のために必要不可欠だ。企業は売上の数％など一定の水準を設定して毎年設備への投資を行う。半導体などのテクノロジー関連企業は装置産業であり，技術発展がスピードが速いため，常に多額の設備投資を行う宿命にある。

（その他の収益及びその他の費用）

　補助金収入等55,392百万円，賠償金等2,366百万円の計上等により67,840百万円の利益（345.7％増）となりました。内訳につきましては「第5　経理の状況　1.連結財務諸表等　連結財務諸表注記　26.　その他の収益及びその他の費用」をご参照ください。

（持分法による投資利益）

　持分法適用関連会社のauカブコム証券株式会社における投資利益の減少等により，4,569百万円（21.1％減）となりました。

（営業利益）

　以上の結果，営業利益は1,075,749百万円（1.4％増）となりました。なお，営業利益率は，19.0％（0.5ポイント減）となりました。

（金融収益及び金融費用）

　受取配当金7,910百万円，支払利息7,142百万円の計上等により，1,517百万円の利益（38.3％減）となりました。内訳につきましては「第5　経理の状況　1.連結財務諸表等　連結財務諸表注記　27.　金融収益及び金融費用」をご参照ください。

（その他の営業外損益）

　負ののれん発生益584百万円の計上等により，612百万円（57.7％減）の利益となりました。内訳につきましては「第5　経理の状況　1.連結財務諸表等　連結財務諸表注記　28.　その他の営業外損益」をご参照ください。

（法人所得税費用）

　将来減算一時差異の解消の増加等の影響により339,484百万円（2.3％増）となりました。なお，2023年3月期の法人税等負担率は31.4％となりました。法人所得税費用に関する詳細については「第5　経理の状況　1.連結財務諸表等　連結財務諸表注記　15.　繰延税金及び法人所得税」をご参照ください。

（非支配持分に帰属する当期利益）

　主にauフィナンシャルホールディングス株式会社の利益増加等の影響により，60,926百万円（1.5％増）となりました。

(point) 主要な設備の状況

　「設備投資等の概要」では各セグメントの1年間の設備投資金額のみの掲載だが，ここではより詳細に，現在セグメント別，または各子会社が保有している土地，建物，機械装置の金額が合計でどれくらいなのか知ることができる。

（親会社の所有者に帰属する当期利益）

　上記の結果，親会社の所有者に帰属する当期利益は677,469百万円（0.7％増）となりました。

　なお，報告セグメントの売上と営業利益の概況については，「(1) 経営成績等の状況の概要」に記載しております。

b. キャッシュ・フローの状況の分析・検討内容並びに資本の財源及び資金の流動性に係る情報

　当連結会計年度のキャッシュ・フローの分析については，「(1) 経営成績等の状況の概要」に記載のとおりであります。

　当社グループは，運転資金及び設備投資については，自己資金及び借入金等により資金調達することとしております。このうち，借入金等による資金調達に関しては，通常の運転資金については短期借入金で，設備投資などの長期資金は固定金利の長期借入金及び社債で調達することを基本としております。また金融事業については，資金調達やリスクアセットの削減を目標として，債権流動化を行っております。

　なお，当連結会計年度末における借入金等を含む有利子負債の残高は1,651,437百万円，現金及び現金同等物の残高は480,252百万円となっております。流動性リスクとその管理方法につきましては，「第5　経理の状況　1.連結財務諸表等　連結財務諸表注記31.金融商品」に記載しております。

c. 経営上の財務目標の達成状況について

　当社グループは，事業環境の変化に迅速に対応しながら，持続的な成長を実現し，企業理念に掲げる「豊かなコミュニケーション社会の発展」に貢献するため，中期経営戦略（2022-24年度）を策定しております。財務目標において，営業利益については，持続的な成長を目指し，EPSについては，2024年度1.5倍（2018年度比）の実現，株主還元については，安定的な配当を継続し，連結配当性向は40％超を掲げております。

　当連結会計年度においては，通信障害や燃料価格高騰等，事業を取巻く環境

(point) **設備の新設，除却等の計画**

　ここでは今後，会社がどの程度の設備投資を計画しているか知ることができる。毎期どれくらいの設備投資を行っているか確認すると，技術等での競争力維持に積極的な姿勢かどうか，どのセグメントを重要視しているか分かる。また景気が悪化したときは設備投資額を減らす傾向にある。

が激しく変化しましたが，5Gによる通信事業の進化と，通信を核とした注力領域を拡大していくことで，事業戦略の中核となる「5Gを中核に据えた事業変革の推進」を進めたことにより，過去最高益を更新するとともに，配当性向40％超を達成いたしました。

　今後もサテライトグロース戦略の推進と，それを支える経営基盤の強化により，パートナーとともに社会の持続的成長と企業価値の向上を目指していきます。

■ 設備の状況

1　設備投資等の概要

　当社グループではお客様にご満足いただけるサービスの提供と信頼性並びに通信品質向上を目的に，効率的に設備投資を実施いたしました。

　その結果，当連結会計年度の電気通信設備等の投資額はソフトウェア等を含め627,544百万円となりました。

　なお，設備投資には他事業者との共用設備投資（他事業者負担額）は含んでおりません。

　主な設備投資の状況は，次のとおりであります。

　当社グループの主要な設備である通信設備は，各セグメントにおいて共通で使用するものが大半であることから，設備投資に係る各セグメントごとの内訳は記載しておりません。また，設備の状況以下各項目の金額には消費税等は含まれておりません。

（移動通信系設備）

　4G・5Gサービスエリア拡充及びデータトラフィック対応のため，無線基地局及び交換設備の新設・増設等を実施いたしました。

（固定通信系設備）

　移動通信のデータトラフィック増加に対応した固定通信のネットワーク拡充及びFTTHやケーブルテレビに係る設備の新設・増設等を実施いたしました。

(point) **株式の総数等**

　発行可能株式総数とは，会社が発行することができる株式の総数のことを指す。役員会では，株主総会の了承を得ないで，必要に応じてその株数まで，株を発行することができる。敵対的TOBでは，経営陣が，自社をサポートしてくれる側に，新株を第三者割り当てで発行して，買収を防止することがある。

2 主要な設備の状況

（1） 提出会社

事業所名 （所在地）	セグメントの名称	帳簿価額（百万円）													従業員数（名）
		機械設備	空中線設備	市内線路設備	市外線路設備	土木設備	海底線設備	建物	構築物	土地（面積㎡）	施設利用権	ソフトウェア	その他	合計	
本社 （東京都新宿区）他	—	777,400	279,359	23,634	4,055	6,936	1,986	138,307	16,912	260,866 (4,324,593)	12,678	321,033	685,556	2,528,723	9,377

（2） 国内子会社

会社名 （所在地）	セグメントの名称	帳簿価額（百万円）													従業員数（名）
		機械設備	空中線設備	市内線路設備	市外線路設備	土木設備	海底線設備	建物	構築物	土地（面積㎡）	施設利用権	ソフトウェア	その他	合計	
沖縄セルラー電話株式会社 （沖縄県那覇市）※	—	12,875	4,294	4,059	88	649	1,828	12,668	273	2,956 (35,610)	24	362	4,079	44,145	437
UQコミュニケーションズ株式会社 （東京都千代田区）（注）4	—	81,490	20,077	157	—	—	—	1,414	45	—	3,722	7,343	27,195	141,443	—
JCOM株式会社 （東京都千代田区）※	—	—	290	—	204,381	—	—	28,892	3,714	5,789 (65,145)	—	22,251	384,069	649,386	11,964
中部テレコミュニケーション株式会社 （愛知県名古屋市中区）	—	17,802	—	48,247	9	1,261	—	6,415	20	4,648 (26,976)	2	4,661	6,884	89,950	849

※は子会社の金額を含めて記載しております。

（3） 在外子会社

会社名 （所在地）	セグメントの名称	帳簿価額（百万円）													従業員数（名）
		機械設備	空中線設備	市内線路設備	市外線路設備	土木設備	海底線設備	建物	構築物	土地（面積㎡）	施設利用権	ソフトウェア	その他	合計	
TELEHOUSE Holdings Limited （London,U.K.）※	—	—	—	—	—	—	—	58,948	—	15,821 (111,790)	74	—	48,067	122,900	259

※は子会社の金額を含めて記載しております。

（注）1. 帳簿価額には，建設仮勘定の金額を含んでおりません。

　　　2. 現在休止中の主要な設備はありません。

　　　3. 帳簿価額のうち，「その他」の主な内訳は，長期前払費用，使用権資産，機械及び装置であります。

　　　4. UQコミュニケーションズ株式会社の従業員数については，転籍により提出会社の従業員数に含めております。

(point) **連結財務諸表等**

ここでは主に財務諸表の作成方法についての説明が書かれている。企業は大蔵省が定めた規則に従って財務諸表を作るよう義務付けられている。また金融商品法に従い，作成した財務諸表がどの監査法人によって監査を受けているかも明記されている。

3 設備の新設，除却等の計画

　当社グループの当連結会計年度後1年間の設備投資（新設・拡充）及び除却等に係る計画は次のとおりであります。

(1) 重要な設備の新設等 ･･･

セグメントの名称	設備等の主な内容・目的	2023年3月末 計画金額（百万円）	完成予定年月
－	・通信品質の向上とサービスエリアの拡充を目的とした無線基地局及び交換局設備等の新設・増設等 ・FTTH及びケーブルテレビに係る設備の新設・増設等 ・伝送路の新設・増設等	620,000	2023年度中

(注)　今後の必要資金は自己資金及び借入金等により充当する予定であります。

(2) 重要な設備の除却等 ･･･

　該当する計画はありません。

(point) 連結財務諸表

　ここでは貸借対照表（またはバランスシート，BS），損益計算書（PL），キャッシュフロー計算書の詳細を調べることができる。あまり会計に詳しくない場合は，最低限，損益計算書の売上と営業利益を見ておけばよい。可能ならば，その数字が過去5年，10年の間にどのように変化しているか調べると会社への理解が深まるだろう。

提出会社の状況

1 株式等の状況

（1） 株式の総数等 ···

① 株式の総数

種類	発行可能株式総数（株）
普通株式	4,200,000,000
計	4,200,000,000

② 発行済株式

種類	事業年度末 現在発行数（株） （2023年3月31日）	提出日 現在発行数（株） （2023年6月22日）	上場金融商品取引所名又は 登録認可金融商品取引業協会名	内容
普通株式	2,302,712,308	2,302,712,308	東京証券取引所 （プライム市場）	単元株式数 100株
計	2,302,712,308	2,302,712,308	—	—

■ 経理の状況

1　連結財務諸表及び財務諸表の作成方法について ································

（1）　当社グループの連結財務諸表は，「連結財務諸表の用語，様式及び作成方法に関する規則」（昭和51年大蔵省令第28号。以下「連結財務諸表規則」という。）第93条の規定により，国際会計基準（以下「IFRS」という。）に準拠して作成しております。

　　　本報告書の連結財務諸表等の金額の表示は，百万円未満を四捨五入して記載しております。

（2）　当社の財務諸表は，「財務諸表等の用語，様式及び作成方法に関する規則」（昭和38年大蔵省令第59号）に基づき，同規則及び「電気通信事業会計規則」（昭和60年郵政省令第26号）により作成しております。

　　　本報告書の財務諸表等の金額の表示は，百万円未満を四捨五入して記載しております。

2　監査証明について ··

　当社は，金融商品取引法第193条の2第1項の規定に基づき，連結会計年度（2022年4月1日から2023年3月31日まで）の連結財務諸表及び事業年度（2022年4月1日から2023年3月31日まで）の財務諸表について，PwC京都監査法人により監査を受けております。

3　連結財務諸表等の適正性を確保するための特段の取組み及びIFRSに基づいて連結財務諸表等を適正に作成することができる体制の整備について ··········

　当社は，以下のとおり連結財務諸表等の適正性を確保するための特段の取組み及びIFRSに基づいて連結財務諸表等を適正に作成するための体制の整備を行っております。

（1）　会計基準等の内容を適切に把握できる体制を構築するため，公益財団法人財務会計基準機構へ加入し，セミナーへ参加しております。

（2）　IFRSの適用については，国際会計基準審議会が公表するプレスリリースや

基準書を随時入手し，最新の基準の把握を行っております。また，IFRSに準拠したグループ会計方針書を作成し，それに基づいて会計処理を行っております。

1 連結財務諸表等

（1） 連結財務諸表 ··

① 連結財政状態計算書

（単位：百万円）

資産	注記	前連結会計年度 （2022年3月31日）	当連結会計年度 （2023年3月31日）
非流動資産：			
有形固定資産	5, 7	2,585,481	2,595,721
使用権資産	7, 35	387,669	393,935
のれん	6, 7	540,962	541,058
無形資産	6, 7	1,025,223	1,048,396
持分法で会計処理されている投資	8	244,515	255,290
金融事業の貸出金	31, 32	1,335,111	2,038,403
金融事業の有価証券	31, 32	338,285	411,063
その他の長期金融資産	11, 31, 32	329,268	304,106
退職給付に係る資産	16	44,720	62,911
繰延税金資産	15	12,330	12,203
契約コスト	24	548,704	637,534
その他の非流動資産	12	25,083	29,924
非流動資産合計		7,417,350	8,330,544
流動資産：			
棚卸資産	9	74,511	99,038
営業債権及びその他の債権	10, 24, 31	2,311,694	2,445,250
金融事業の貸出金	31, 32	255,266	304,557
コールローン	31	45,064	53,944
その他の短期金融資産	11, 31, 32	67,154	60,158
未収法人所得税		2,904	2,663
その他の流動資産	12	113,822	141,236
現金及び現金同等物	13	796,613	480,252
流動資産合計		3,667,028	3,587,098
資産合計		11,084,379	11,917,643

	注記	前連結会計年度 （2022年3月31日）	当連結会計年度 （2023年3月31日）
負債及び資本			
負債			
非流動負債：			
借入金及び社債	14, 31, 32	921,616	914,233
金融事業の預金	31, 32	33,240	64,829
リース負債	31, 35	279,265	286,437
その他の長期金融負債	18, 31, 32	14,198	10,309
退職給付に係る負債	16	12,496	11,739
繰延税金負債	15	144,776	188,101
引当金	19	70,073	52,414
契約負債	24	71,083	76,258
その他の非流動負債	20	11,015	12,366
非流動負債合計		1,557,762	1,616,687
流動負債：			
借入金及び社債	14, 31, 32	286,505	337,961
営業債務及びその他の債務	17, 31	834,496	801,927
金融事業の預金	31, 32	2,184,264	2,652,723
コールマネー	31	141,348	—
債券貸借取引受入担保金	14, 31	—	244,111
リース負債	31, 35	112,719	112,805
その他の短期金融負債	18, 31, 32	2,620	6,894
未払法人所得税		126,874	129,404
引当金	19	25,641	25,398
契約負債	24	86,091	82,242
その他の流動負債	20	215,397	242,712
流動負債合計		4,015,953	4,636,176
負債合計		5,573,715	6,252,863
資本			
親会社の所有者に帰属する持分			
資本金	22	141,852	141,852
資本剰余金	22	279,371	279,371
自己株式	22	△299,827	△545,833
利益剰余金	22	4,818,117	5,215,177
その他の包括利益累計額	22	43,074	31,841
親会社の所有者に帰属する持分合計		4,982,586	5,122,409
非支配持分	37	528,077	542,370
資本合計		5,510,663	5,664,780
負債及び資本合計		11,084,379	11,917,643

② 連結損益計算書

（単位：百万円）

	注記	前連結会計年度 （自 2021年4月1日 至 2022年3月31日）	当連結会計年度 （自 2022年4月1日 至 2023年3月31日）
売上高	24	5,446,708	5,671,762
売上原価	25	2,984,589	3,260,030
売上総利益		2,462,119	2,411,731
販売費及び一般管理費	25	1,422,539	1,408,391
その他の収益	26	21,001	71,629
その他の費用	26	5,781	3,790
持分法による投資利益	8	5,791	4,569
営業利益		1,060,592	1,075,749
金融収益	27	10,202	10,175
金融費用	27	7,746	8,658
その他の営業外損益	28	1,448	612
税引前当期利益		1,064,497	1,077,878
法人所得税費用	15	331,957	339,484
当期利益		732,540	738,394
当期利益の帰属			
親会社の所有者		672,486	677,469
非支配持分		60,054	60,926
当期利益		732,540	738,394
親会社の所有者に帰属する1株当たり当期利益	34		
基本的1株当たり当期利益（円）		300.03	310.25
希薄化後1株当たり当期利益（円）		299.73	310.12

③ 連結包括利益計算書

（単位：百万円）

	注記	前連結会計年度 （自 2021年4月1日 至 2022年3月31日）	当連結会計年度 （自 2022年4月1日 至 2023年3月31日）
当期利益		732,540	738,394
その他の包括利益			
純損益に振り替えられることのない項目			
確定給付型年金制度の再測定額	16, 29	5,201	12,526
その他の包括利益を通じて公正価値で 測定する金融資産の公正価値変動額	29, 31	9,001	△24,837
持分法適用会社におけるその他の 包括利益に対する持分相当額	8, 29	△6	△555
合計		14,195	△12,865
純損益に振り替えられる可能性のある項目			
キャッシュ・フロー・ヘッジ	29, 31	2,422	△1,042
在外営業活動体の換算差額	29	23,891	19,935
持分法適用会社におけるその他の 包括利益に対する持分相当額	8, 29	981	1,467
合計		27,294	20,360
その他の包括利益合計		41,490	7,495
当期包括利益合計		774,029	745,890
当期包括利益合計の帰属			
親会社の所有者		706,668	678,235
非支配持分		67,362	67,655
合計		774,029	745,890

（注）　上記の計算書の項目は税引後で開示しております。

④ 連結持分変動計算書

前連結会計年度（自 2021年4月1日 至 2022年3月31日）

（単位：百万円）

	注記	資本金	資本剰余金	自己株式	利益剰余金	その他の包括利益累計額	合計	非支配持分	資本合計
		親会社の所有者に帰属する持分							
2021年4月1日		141,852	278,675	△86,719	4,409,000	16,912	4,759,720	499,749	5,259,469
当期包括利益									
当期利益		－	－	－	672,486	－	672,486	60,054	732,540
その他の包括利益		－	－	－	－	34,182	34,182	7,308	41,490
当期包括利益合計		－	－	－	672,486	34,182	706,668	67,362	774,029
所有者との取引額等									
剰余金の配当	23	－	－	－	△271,389	－	△271,389	△31,864	△303,253
その他の包括利益累計額から利益剰余金への振替		－	－	－	8,020	△8,020	－	－	－
自己株式の取得及び処分	22	－	△60	△213,763	－	－	△213,822	－	△213,822
支配継続子会社に対する持分変動		－	△229	－	－	－	△229	△7,170	△7,399
その他		－	984	655	－	－	1,639	－	1,639
所有者との取引額等合計		－	696	△213,108	△263,369	△8,020	△483,801	△39,034	△522,835
2022年3月31日		141,852	279,371	△299,827	4,818,117	43,074	4,982,586	528,077	5,510,663

当連結会計年度（自 2022年4月1日 至 2023年3月31日）

（単位：百万円）

	注記	資本金	資本剰余金	自己株式	利益剰余金	その他の包括利益累計額	合計	非支配持分	資本合計
		親会社の所有者に帰属する持分							
2022年4月1日		141,852	279,371	△299,827	4,818,117	43,074	4,982,586	528,077	5,510,663
当期包括利益									
当期利益		－	－	－	677,469	－	677,469	60,926	738,394
その他の包括利益		－	－	－	－	766	766	6,729	7,495
当期包括利益合計		－	－	－	677,469	766	678,235	67,655	745,890
所有者との取引額等									
剰余金の配当	23	－	－	－	△288,394	－	△288,394	△46,225	△334,618
その他の包括利益累計額から利益剰余金への振替		－	－	－	11,999	△11,999	－	－	－
自己株式の取得及び処分	22	－	△41	△250,152	－	－	△250,192	－	△250,192
自己株式の消却	22	－	△5,313	5,313	－	－	－	－	－
利益剰余金から資本剰余金への振替		－	4,014	－	△4,014	－	－	－	－
支配継続子会社に対する持分変動		－	△445	－	－	－	△445	△7,137	△7,582
その他		－	1,786	△1,167	－	－	619	－	619
所有者との取引額等合計		－	1	△246,005	△280,408	△11,999	△538,412	△53,361	△591,773
2023年3月31日		141,852	279,371	△545,833	5,215,177	31,841	5,122,409	542,370	5,664,780

⑤ 連結キャッシュ・フロー計算書

（単位：百万円）

	注記	前連結会計年度 （自 2021年4月1日 至 2022年3月31日）	当連結会計年度 （自 2022年4月1日 至 2023年3月31日）
営業活動によるキャッシュ・フロー			
税引前当期利益		1,064,497	1,077,878
減価償却費及び償却費	5, 6	728,101	697,152
減損損失	7	2,689	2,354
持分法による投資損益（△は益）	8	△5,791	△4,569
固定資産売却損益（△は益）		△1,393	△1,581
受取利息及び受取配当金	27	△7,022	△9,914
支払利息	27	6,681	7,142
営業債権及びその他の債権の増減額（△は増加）		△51,616	△104,796
営業債務及びその他の債務の増減額（△は減少）		16,403	5,396
金融事業の貸出金の増減額（△は増加）		△207,966	△752,583
金融事業の預金の増減額（△は減少）		367,415	500,047
コールローンの増減額（△は増加）		△11,218	△8,881
コールマネーの増減額（△は減少）		25,532	△141,348
債券貸借取引受入担保金の増減額（△は減少）		−	244,111
棚卸資産の増減額（△は増加）		△4,577	△24,421
退職給付に係る資産の増減額（△は増加）		△6,357	△18,190
退職給付に係る負債の増減額（△は減少）		387	△757
その他		△84,111	△105,347
小計		1,831,655	1,361,693
利息及び配当金の受取額		10,620	13,468
利息の支払額		△6,499	△6,768
法人所得税の支払額		△374,768	△292,659
法人所得税の還付額		7,641	3,134
営業活動によるキャッシュ・フロー合計		1,468,648	1,078,869
投資活動によるキャッシュ・フロー			
有形固定資産の取得による支出		△425,800	△394,652
有形固定資産の売却による収入		2,118	3,754
無形資産の取得による支出		△249,767	△239,473
金融事業の有価証券の取得による支出		△339,393	△385,468
金融事業の有価証券の売却または償還による収入		277,300	311,511
その他の金融資産の取得による支出		△12,822	△8,900
その他の金融資産の売却または償還による収入		7,165	1,892
関連会社株式の取得による支出		△9,974	△9,847
子会社及び関連会社株式の売却による収入		1,595	−
その他		△12,015	△11,297
投資活動によるキャッシュ・フロー合計		△761,593	△732,480

（単位：百万円）

	注記	前連結会計年度 （自 2021年4月1日 至 2022年3月31日）	当連結会計年度 （自 2022年4月1日 至 2023年3月31日）
財務活動によるキャッシュ・フロー			
短期借入の純増減額（△は減少）	30	17	49,983
社債発行及び長期借入による収入	30	－	200,000
社債償還及び長期借入返済による支出	30	△73,375	△200,500
リース負債の返済による支出	30	△130,848	△128,288
非支配持分からの子会社持分取得による支出		△12,619	△7,002
非支配持分への子会社持分の一部売却による収入		6,750	－
非支配持分からの払込みによる収入		108	49
自己株式の取得による支出	22	△213,763	△250,152
配当金の支払額		△271,362	△287,117
非支配持分への配当金の支払額		△32,164	△46,810
その他		△1	△0
財務活動によるキャッシュ・フロー合計		△727,257	△669,837
現金及び現金同等物に係る換算差額	30	7,012	7,087
現金及び現金同等物の増減額（△は減少）	30	△13,189	△316,361
現金及び現金同等物の期首残高	13,30	809,802	796,613
現金及び現金同等物の期末残高	13,30	796,613	480,252

【連結財務諸表注記】

1．報告企業

　　KDDI株式会社（以下「当社」）は日本の会社法に従い設立された株式会社であります。当社の所在地は日本であり，登記している本社の住所は東京都新宿区西新宿二丁目3番2号であります。当社の連結財務諸表は2023年3月31日を期末日とし，当社及び子会社（以下「当社グループ」），ならびに当社グループの関連会社及び共同支配企業に対する持分により構成されております。なお，当社は，当社グループの最終的な親会社であります。

　　当社グループの主な事業内容及び主要な活動は，「パーソナル事業」，「ビジネス事業」であります。

　　詳細については，「4.セグメント情報（1）報告セグメントの概要」に記載しております。

2．作成の基礎

（1） 連結財務諸表がIFRSに準拠している旨に関する事項

　　当社グループの連結財務諸表は，「連結財務諸表の用語，様式及び作成方法に

関する規則」(昭和51年大蔵省令第28号)第1条の2に掲げる「指定国際会計基準特定会社」の要件を満たすことから，同規則第93条の規定により，指定国際会計基準として国際財務報告基準(International Financial Reporting Standards；以下「IFRS」)に準拠して作成しております。

(2) 測定の基礎 ....

当社グループの連結財務諸表は，連結財政状態計算書における以下の重要な項目を除き，取得原価を基礎として作成しております。

- ・デリバティブ資産及びデリバティブ負債(公正価値で測定)
- ・純損益を通じて公正価値で測定する金融資産または金融負債
- ・その他の包括利益を通じて公正価値で測定する金融資産
- ・確定給付制度に係る資産または負債(確定給付制度債務の現在価値から制度資産の公正価値を控除して測定)

(3) 表示通貨及び単位 ....

当社グループの連結財務諸表の表示通貨は，当社が営業活動を行う主要な経済環境における通貨(以下「機能通貨」)である日本円であり，百万円未満を四捨五入して表示しております。

(4) 見積り及び判断の利用 ....

IFRSに準拠した連結財務諸表の作成において，会計方針の適用，資産・負債・収益及び費用の報告額に影響を及ぼす判断，見積り及び仮定の設定を行っております。これらの見積り及び仮定は，過去の経験及び利用可能な情報を収集し，決算日において合理的であると考えられる様々な要因等を勘案した経営者の最善の判断に基づいております。しかし，その性質上，これらの見積り及び仮定に基づく数値は実際の結果と異なる可能性があります。

見積り及び仮定は継続して見直されます。会計上の見積りの見直しによる影響は，その見積りを見直した連結会計年度と将来の連結会計年度において認識されます。翌連結会計年度において資産や負債の帳簿価額の重要な修正につながるリスクを伴う見積り及びその基礎となる仮定は以下のとおりであります。

前連結会計年度末においては，新型コロナウイルス感染症による影響は，少なくとも2022年度を通して影響を及ぼすとの仮定をおいておりました。当期の連

結財務諸表の作成にあたって，新型コロナウイルス感染症による翌連結会計年度以降の影響は軽微との仮定を置いて，会計上の見積りを行っております。ただし，今後の状況の変化によって判断を見直した結果，翌連結会計年度以降の連結財務諸表において重要な影響を与える可能性があります。

① **有形固定資産，無形資産及び使用権資産の耐用年数及び残存価額の見積り**

　有形固定資産は，資産の将来の経済的便益が消費されると予測されるパターンを耐用年数に反映し，その耐用年数にわたって原則として定額法にて償却しております。将来，技術革新等による設備の陳腐化や用途変更が発生した場合には，現在の見積耐用年数及び見積残存価額を変更する必要性が生じ，連結会計年度あたりの償却負担が増加する可能性があります。

　無形資産のうち，耐用年数を確定できるものは，資産の将来の経済的便益が消費されると予測されるパターンを耐用年数に反映し，その耐用年数にわたって定額法にて償却しております。企業結合により取得した顧客関連の無形資産の耐用年数は，解約率に基づいて算定されており，その耐用年数にわたって定額法にて償却しております。事業環境の変化等により利用可能期間の見直しの結果，耐用年数を短縮させる場合には，連結会計年度あたりの償却負担が増加する可能性があります。

　有形固定資産，無形資産及び使用権資産の耐用年数及び残存価額の見積りに関連する内容については「3．重要な会計方針　(5) 有形固定資産, (7) 無形資産, (8) リース」に記載しております。

② **有形固定資産，のれんを含む無形資産及び使用権資産の減損**

　当社グループは，有形固定資産，のれんを含む無形資産及び使用権資産について，減損テストを実施しております。減損テストにおける回収可能価額の算定においては，資産の耐用年数，将来キャッシュ・フロー，税引前割引率及び長期成長率等について一定の仮定を設定しております。これらの仮定は，経営者の最善の見積りと判断により決定しておりますが，将来の不確実な経済条件の変動の結果により影響を受ける可能性があり，見直しが必要となった場合，翌連結会計年度以降の連結財務諸表において認識する金額に重要な影響を与える可能性があります。

有形固定資産，のれんを含む無形資産及び使用権資産の回収可能価額の算定方法やその内容については，「3. 重要な会計方針 （9）有形固定資産，のれん，無形資産及び使用権資産の減損」及び「7. 有形固定資産，のれん，無形資産及び使用権資産の減損」に記載しております。

③ **棚卸資産の評価**

棚卸資産は，取得原価で測定しておりますが，連結会計年度末における正味実現可能価額が取得原価より下落している場合には，当該正味実現可能価額で測定し，取得原価との差額を原則として売上原価に認識しております。また，営業循環過程から外れて滞留する棚卸資産については，将来の需要や市場動向を反映して正味実現可能価額等を算定しております。市場環境が予測より悪化して正味実現可能価額が著しく下落した場合には，損失が発生する場合があります。

棚卸資産の評価に関連する内容については，「3. 重要な会計方針 （15）棚卸資産」及び「9. 棚卸資産」に記載しております。

④ **繰延税金資産の回収可能性**

繰延税金資産の認識に際しては，課税所得が生じる可能性の判断において，事業計画に基づいて将来獲得しうる課税所得の時期及びその金額を見積り算定しております。

課税所得が生じる時期及び金額は，将来の不確実な経済条件の変動によって影響を受ける可能性があり，実際に発生した時期及び金額が見積りと異なった場合，翌連結会計年度以降の連結財務諸表において認識する金額に重要な影響を与える可能性があります。

繰延税金資産に関連する内容については，「3. 重要な会計方針 （24）法人所得税」及び「15. 繰延税金及び法人所得税」に記載しております。

⑤ **確定給付債務の測定**

当社グループは，確定給付型を含む様々な退職後給付制度を有しております。これらの各制度に係る確定給付制度債務の現在価値及び勤務費用等は，数理計算上の仮定に基づいて算定されております。数理計算上の仮定には，割引率等様々な変数についての見積り及び判断が求められます。当社グループは，これらの変数を含む数理計算上の仮定の適切性について，外部の年金数理人からの助言を得

ております。

　数理計算上の仮定は，経営者の最善の見積りと判断により決定しておりますが，将来の不確実な経済条件の変動の結果や関連法令の改正・公布によって影響を受ける可能性があり，見直しが必要となった場合，翌連結会計年度以降の連結財務諸表において認識する金額に重要な影響を与える可能性があります。

　数理計算上の仮定については，「3．重要な会計方針　（16）従業員給付」及び「16．従業員給付」に記載しております。

⑥　**営業債権等の回収可能性**

　当社グループは，営業債権について，その信用リスクに応じてその回収可能性を見積っております。将来の顧客の債権の信用リスクの変動によっては，翌連結会計年度以降の連結財務諸表において認識する損失評価引当金の金額に重要な影響を与える可能性があります。

　営業債権等の回収可能性に関連する内容については，「3．重要な会計方針（12）　金融資産の減損」及び「31．金融商品」に記載しております。

⑦　**金融商品の公正価値の測定方法**

　当社グループは，特定の金融商品の公正価値を評価する際に，市場で観察可能ではないインプットを利用する評価技法を用いております。観察可能ではないインプットは，将来の不確実な経済条件の変動の結果によって影響を受ける可能性があり，見直しが必要となった場合，連結財務諸表に重要な影響を与える可能性があります。

　金融商品の公正価値に関連する内容については，「3．重要な会計方針　（11）金融商品，（13）　デリバティブ及びヘッジ会計」及び「32．金融商品の公正価値」に記載しております。

⑧　**引当金**

　当社グループは，資産除去債務及びポイント引当金等の引当金を連結財政状態計算書に計上しております。これらの引当金は，連結会計年度末日における債務に関するリスク及び不確実性を考慮に入れた，債務の決済に要する支出の最善の見積りに基づいて計上されております。債務の決済に要する支出額は，将来の起こりうる結果を総合的に勘案して算定しておりますが，予想しえない事象の発生

や状況の変化によって影響を受ける可能性があり，実際の支払額が見積りと異なった場合，翌連結会計年度以降の連結財務諸表において認識する金額に重要な影響を与える可能性があります。

計上している引当金の性質については，「3. 重要な会計方針 （17）引当金」及び「19. 引当金」に記載しております。

（5） 新たな基準書及び解釈指針の適用 ···

当社グループが，当連結会計年度より新たに適用を開始した重要な基準書及び解釈指針はありません。

（6） 未適用の公表済み基準書 ···

連結財務諸表の承認日までに主に以下の基準書の新設または改訂が公表されておりますが，2023年3月31日現在において強制適用されるものではなく，当社グループでは早期適用しておりません。

基準書	基準名	強制適用時期 （以降開始年度）	当社グループ 適用予定時期	新設・改訂の概要
IFRS第17号	保険契約	2023年1月1日	2024年3月期	IFRS第17号は、現在多様な実務慣行を許容している IFRS第4号を置き換え、保険契約及び裁量権のある有配当性を有する投資契約を発行するすべての企業の会計処理を変更するものであります。 IFRS第17号の一般モデルの下では、企業は、当初認識時に保険契約の履行キャッシュ・フローと契約サービス・マージンの合計額の測定が要求されますが、このうち履行キャッシュ・フローは、将来キャッシュ・フローの見積り、貨幣の時間価値を反映する調整、及び非財務リスクに係るリスク調整によって構成され、各報告期間において最新の測定基礎を用いて再測定されます。未稼得利益（契約サービス・マージン）は、カバー期間に渡り認識されます。

この基準書を上記に示した適用時期の連結財務諸表に反映いたします。当該適用による当社グループの連結財務諸表への重要な影響はありません。

3. 重要な会計方針 ···

連結財務諸表の作成にあたって採用した重要な会計方針は以下のとおりであります。これらの方針は，特段の記載がない限り，表示しているすべての報告期間に継続して適用しております。

（1）　連結の基礎 ·······························

①　子会社

（a）　子会社の連結処理

　子会社とは，当社グループが支配しているすべての企業をいいます。当社グループが，ある企業への関与により生じる変動リターンに対するエクスポージャーまたは権利を有している場合で，かつ，その企業に対するパワーを通じてこれらのリターンに影響を与える能力を有している場合には，当社グループがその企業を支配しているとして連結の範囲に含めております。また，当社グループは子会社に対する支配を獲得した日から当該子会社を連結し，支配を喪失した日から連結を中止しております。

　グループ会社間の債権債務残高，取引高及びグループ会社間の取引から生じた未実現損益は，連結財務諸表の作成にあたり消去しております。

　子会社が採用する会計方針は，当社グループが採用している方針と統一するために，必要に応じて調整しております。

（b）　支配の変更を伴わない子会社に対する所有持分の変動

　当社グループは，支配の喪失を伴わない非支配持分との取引は，資本取引として会計処理しております。支払対価の公正価値と子会社の純資産の帳簿価額に占める取得持分相当額との差額は，資本として認識しております。支配の喪失を伴わない非支配持分への処分による利得または損失も資本として直接認識しております。

（c）　子会社の処分

　当社グループが子会社の支配を喪失した場合，当該企業に対する残存持分は支配を喪失した日の公正価値で再測定され，帳簿価額の変動は純損益で認識しております。この公正価値は，残存持分を以後，関連会社，共同支配企業または金融資産として会計処理する際の当初の帳簿価額となります。また，以前に当該企業に関連してその他の包括利益で認識した金額は，当社グループが関連する資産または負債を直接処分したかのように会計処理しております。したがって，以前にその他の包括利益で認識された金額が純損益に振り替えられる場合があります。

(d) 報告期間の統一

　決算日が当社の決算日と異なる子会社については，当社の決算日に仮決算を行い，これに基づく財務諸表を連結しております。

② 関連会社

　関連会社とは，投資先企業の財務及び経営方針に関する経営管理上の意思決定に対して，支配することはないものの，それらの方針の決定への参加を通じて重要な影響力を有する当該投資先企業をいいます。

　関連会社に対する投資は持分法で会計処理しております。持分法では，関連会社に対する投資は，取得原価で当初認識し，重要な影響力を有することとなった日から重要な影響力を喪失する日までの間については，関連会社の純損益及びその他の包括利益に対する当社グループの持分を認識し，関連会社に対する投資額を修正します。

　関連会社に対する所有持分が減少したものの，引き続き重要な影響力を保持する場合，過去にその他の包括利益に認識した金額のうち当該減少に係る割合を，適切な場合には純損益に振り替えております。関連会社の損失が，当社の当該会社に対する投資持分を超過する場合，法的債務，推定的債務が生じる場合または当社グループが関連会社に代わって支払う場合を除き，当社グループはそれ以上の損失は認識しておりません。

　当社グループの関連会社に対する投資には，取得時に認識したのれんが含まれております。そのため，のれんは別個に認識されないため，のれん個別での減損テストは行っておりません。しかし，関連会社に対する投資を単一の資産として，持分法適用投資全体に対して減損テストを行っております。具体的には，当社グループは，関連会社に対する投資が減損している客観的証拠があるか否かを四半期ごとに評価しております。投資が減損している客観的証拠がある場合，減損テストを行っております。

　当社グループと関連会社間の取引に係る未実現損益は，関連会社に対する当社グループの持分の範囲で消去しております。関連会社の会計方針は，当社グループが採用した会計方針との一貫性を保つために，必要に応じて調整しております。

③　共同支配の取決め

　当社グループは，第三者と共同で事業を営む場合やジョイント・ベンチャーの契約に基づき第三者と共同で事業体を有する場合に，共同支配契約を締結しております。

　共同支配とは，アレンジメント（取決め）に対する契約上合意された支配の共有であり，取決めのリターンに重要な影響を及ぼす活動に関する意思決定が，支配を共有している当事者の全員一致の合意を必要とする場合のみ存在します。

　会計上，共同支配契約はジョイント・オペレーション（共同営業）とジョイント・ベンチャーのいずれかに分類しております。ここで，ジョイント・オペレーション（共同営業）とは，共同支配を有する当事者が，アレンジメント（取決め）に関連する資産に対する権利，負債に関する義務を有する契約をいいます。また，ジョイント・ベンチャーとは，共同支配を有する当事者が，アレンジメント（取決め）の純資産に対する権利を有する契約をいいます。

　ジョイント・オペレーション（共同営業）に該当する場合には，アレンジメント（取決め）に関連するそれぞれの資産及び負債，またそれに関連する収益及び費用について持分相応額だけを財務諸表に直接取り込んでおります。一方，ジョイント・ベンチャーに該当する場合には，アレンジメント（取決め）に係る純資産を持分法により財務諸表に取り込んでおります。

(2)　企業結合

　当社グループは，企業結合の会計処理として取得法を適用しております。子会社の取得のために移転された対価は，移転した資産，被取得企業の旧所有者に対する負債，及び当社グループが発行した資本持分の公正価値であります。また，移転された対価には，条件付対価の取決めから生じた資産または負債の公正価値も含まれております。企業結合において取得した識別可能な資産，ならびに引き受けた負債及び偶発負債は，当初，原則として取得日の公正価値で測定しております。

　非支配持分は，当社グループの持分とは別個に識別され，被取得企業の識別可能純資産に対する非支配株主が保有する株式の比率で測定されます。当社グルー

プは被取得企業の非支配持分を，買収事案ごとに，公正価値または被取得企業の識別可能純資産の認識金額に対する非支配持分の比例的な持分のいずれかで認識しております。

　仲介手数料，弁護士費用，デュー・デリジェンス費用及びその他の専門家報酬等の取得関連費は発生時に費用処理しております。

　移転された対価，被取得企業の非支配持分の金額，及び以前に保有していた被取得企業の持分の取得日における公正価値の合計が，取得した識別可能な純資産の公正価値を超過する場合，その超過額がのれんとして認識されます。移転された対価，非支配持分の金額，及び以前に保有していた持分の測定額の合計が，取得した子会社の純資産の公正価値を下回る場合，割安購入として，その差額を純損益に直接認識します。

　企業結合が発生した報告期間末日までに企業結合の当初の会計処理が完了していない場合，当社グループは，完了していない項目については暫定的な金額で報告しております。その後，新たに入手した支配獲得日時点に存在していた事実と状況について，支配獲得日時点に把握していたとしたら，企業結合処理の認識金額に影響を与えていたと判断される場合，測定期間の修正として，その情報を反映し，支配獲得日に認識した暫定的な金額を遡及的に修正しております。なお，測定期間は支配獲得日から最長で1年間としております。

(3)　セグメント情報 ....

　事業セグメントは，最高経営意思決定者に提出される内部報告と整合した方法で報告されております。最高経営意思決定者は，事業セグメントの資源配分及び業績評価について責任を負っております。当社グループでは，戦略的意思決定を行う取締役会等を最高経営意思決定者と位置付けております。

(4)　外貨換算 ....

①　機能通貨及び表示通貨

　当社グループの各会社がそれぞれの財務諸表を作成する際に，その会社の機能通貨以外の通貨での取引は，取引日における為替レートで各会社の機能通貨に換

算しております。当社グループの連結財務諸表は，当社の機能通貨である日本円を表示通貨としております。

② 外貨建取引

外貨建取引は，取引日の直物為替レートまたはそれに近似するレートを用いて換算しております。外貨建の貨幣性資産及び負債は，期末日の為替レートで換算しております。公正価値で計上された外貨建の非貨幣性項目は，公正価値が決定した日の為替レートで換算しております。

外貨建の貨幣性資産及び負債の換算及び決済により生じる換算差額は純損益として認識しております。

ただし，その他の包括利益を通じて測定する資本性金融資産及びキャッシュ・フロー・ヘッジから生じる換算差額については，その他の包括利益として認識しております。

③ 在外営業活動体

連結財務諸表を表示するために，当社グループの在外営業活動体の資産及び負債は，その在外営業活動体の取得により発生したのれん，識別した資産及び負債ならびにその公正価値の調整を含め，期末日の為替レートで表示通貨に換算しております。在外営業活動体の収益及び費用は，その期間中の為替レートが著しく変動していない限り，期中平均為替レートで表示通貨である円貨に換算しております。

在外営業活動体の財務諸表の換算から生じる為替換算差額は，その他の包括利益として認識しております。在外営業活動体の持分全体の処分及び支配または重要な影響力の喪失を伴う持分の一部処分につき，換算差額は，在外営業活動体が処分損益の一部として純損益で認識しております。

(5) 有形固定資産
① 認識及び測定

当社グループは，有形固定資産の測定においては原価モデルを採用し，取得原価から減価償却累計額及び減損損失累計額を控除した金額で計上しております。取得原価には，資産の取得に直接付随する費用，資産の解体・撤去及び設置して

---

point 財務諸表

この項目では，連結ではなく単体の貸借対照表と，損益計算書の内訳を確認することができる。連結＝単体＋子会社なので，会社によっては単体の業績を調べて連結全体の業績予想のヒントにする場合があるが，あまりその必要性がある企業は多くない。

いた場所の原状回復費用に関する初期見積費用及び資産計上すべき借入コスト等を含めることとしております。

有形固定資産の構成要素の耐用年数が構成要素ごとに異なる場合は，それぞれ別個の有形固定資産項目として計上しております。

取得後コストは，当該項目に関連する将来の経済的便益が当社グループに流入する可能性が高く，かつ，当該項目の取得原価が信頼性をもって測定できる場合には，当該資産の帳簿価額に含めるか，または適切な場合には個別の資産として認識しております。その他の修繕及び維持費は，発生時に費用として認識しております。

② **減価償却及び耐用年数**

減価償却費は，償却可能価額を各構成要素の見積耐用年数にわたって，主として定額法により算定しております。償却可能価額は，資産の取得原価から残存価額を差し引いて算定しております。土地及び建設仮勘定は減価償却しておりません。有形固定資産の構成要素の耐用年数が構成要素ごとに異なる場合は，それぞれ別個の有形固定資産項目として計上しております。

主要な有形固定資産項目ごとの見積耐用年数は以下のとおりであります。

通信設備

機械設備	9〜15年
空中線設備	10〜42年
市内・市外線路設備	6〜27年
その他の設備	9〜27年
建物及び構築物	10〜38年
その他	5〜22年

なお，減価償却方法，見積耐用年数及び残存価額は毎期見直しを行い，変更があった場合は会計上の見積りの変更として将来に向かって適用しております。

③ **認識の中止**

有形固定資産は，処分時点で認識を中止しております。有形固定資産項目の認識の中止から生じる利得または損失は，当該資産項目の認識中止時に純損益に含めております。

(6) のれん ··

　のれんは，取得原価が，取得日における被取得子会社の識別可能な純資産に対する当社グループ持分の公正価値を上回る場合の超過額であります。

　減損テストの目的上，企業結合により取得したのれんは，資金生成単位または資金生成単位グループのうち，企業結合のシナジーから便益を得ると見込まれるものに配分しております。のれんが配分される各資金生成単位または資金生成単位グループは，のれんを内部管理目的で監視している企業内の最小のレベルを表しております。

　のれんは減損損失累計額を控除した取得原価で測定しております。のれんの償却は行わず，毎期，及び事象または状況の変化によって減損の兆候がある場合に，減損テストを実施しております。減損については，「3.　重要な会計方針　(9) 有形固定資産，のれん，無形資産及び使用権資産の減損」に記載しております。

(7) 無形資産 ··
① 認識及び測定

　当社グループは，のれんを除く無形資産の測定において原価モデルを採用し，取得原価から償却累計額及び減損損失累計額を控除した金額で計上しております。

　個別に取得した無形資産は，当初認識時に取得原価で測定しております。企業結合で取得した無形資産は，無形資産の定義を満たし，識別可能であり，かつ，公正価値が信頼性をもって測定できる場合，のれんとは別個に識別され，取得日の公正価値で認識しております。

　新しい科学技術または技術的な知識及び理解を得る目的で実施される研究活動に対する支出は，発生時に費用として認識しております。

　開発活動に対する支出は，開発費用が信頼性をもって測定可能であり，製品または工程が技術的及び商業的に実現可能であり，将来的に経済的便益をもたらす可能性が高く，当社グループが開発を完了させ，当該資産を使用または販売する意図及びそのための十分な資源を当社グループが有している場合にのみ無形資産として計上を行い，それ以外は発生時に費用として認識しております。

② 償却及び耐用年数

　無形資産は見積耐用年数にわたって定額法で償却しております。主要な無形資産ごとの見積耐用年数は以下のとおりであります。なお，耐用年数を確定できない無形資産は償却を行っておりません。

ソフトウェア	5年
顧客関連	4～30年
番組供給関連	22年
周波数移行費用	9～17年
その他	5～20年

　償却方法及び見積耐用年数は，毎期見直しを行い，変更があった場合は，会計上の見積りの変更として将来に向かって適用しております。

(8)　リース

　当社グループでは，リース契約開始時に，その契約がリースであるか，または契約にリースが含まれているか否かについては，契約の実質に基づき判断しております。契約の履行が，特定された資産の使用を支配する権利を一定期間にわたり対価と交換に移転する契約の場合，当該資産はリースの対象となります。

　契約がリースまたはリースが含まれている場合，リース負債の当初測定の金額に当初直接コスト等を加減した金額で使用権資産を当初認識しております。リース負債は，契約開始時に同日現在で支払われていないリース料の現在価値で当初認識しております。

　使用権資産は，契約開始時から使用権資産の耐用年数の終了時またはリース期間の終了時のいずれか早い方までの期間にわたって定額法で減価償却を行っております。

　リース負債は，リース負債に係る金利，支払われたリース料及び該当する場合にはリース負債の見直しまたはリースの条件変更を反映する金額で事後測定しております。

（9）　有形固定資産，のれん，無形資産及び使用権資産の減損 ··················

　当社グループでは，毎期有形固定資産，無形資産及び使用権資産の帳簿価額につき，減損の兆候の有無を判定しております。減損の兆候がある場合には，その資産またはその資産の属する資金生成単位または資金生成単位グループごとの回収可能価額の見積りを行っております。のれん及び耐用年数を確定できない無形資産については，減損の兆候がある時，及び減損の兆候の有無に関わらず各年度の一定時期に，減損テストを実施しております。資金生成単位または資金生成単位グループは，他の資産または資産グループからおおむね独立したキャッシュ・イン・フローを生み出す最小単位の資産グループとしております。

　回収可能価額は，売却費用控除後の公正価値と使用価値のいずれか高い方で算定しております。使用価値は，見積将来キャッシュ・フローを，貨幣の時間価値及び当該資産に固有のリスクを反映した税引前の割引率により，現在価値に割り引いて算定しております。

　減損テストにおいて資金生成単位または資金生成単位グループの回収可能価額が帳簿価額を下回る場合には，減損損失は資金生成単位または資金生成単位グループに配分されたのれんの帳簿価額から減額し，次に資金生成単位または資金生成単位グループにおけるその他の資産の帳簿価額の比例割合に応じて各資産の帳簿価額から減額しております。のれんの減損損失は純損益に認識し，その後の期間に戻入れは行っておりません。

　のれんを除く減損を計上した有形固定資産，無形資産及び使用権資産については，各報告日において，損失の減少または消滅を示す兆候の有無を判断しております。減損の戻入れの兆候があり，回収可能価額の決定に使用した見積りが変化した場合は，減損損失を戻入れております。減損損失を認識後に戻入れる場合，当該資産（または資金生成単位）の帳簿価額は，改訂後の見積回収可能価額まで増額します。ただし，当該減損の戻入れは，戻入れ時点における資産（または資金生成単位）が，仮に減損損失を認識していなかった場合の帳簿価額を超えない範囲で行います。減損損失の戻入れは，その他の収益として認識しております。

(10) 売却目的で保有する非流動資産（または処分グループ）·················

　非流動資産（または処分グループ）の帳簿価額が，継続的使用よりも，主として売却取引により回収される場合に，当該資産（または処分グループ）は，「売却目的で保有する資産」として分類しております。

　「売却目的で保有する資産」としての分類の条件は，売却の可能性が非常に高く，現状で直ちに売却することが可能な場合にのみ満たされます。経営者が，当該資産の売却計画の実行を確約していなければならず，分類した日から1年以内で売却が完了する予定でなければなりません。

　当社グループが子会社に対する支配の喪失を伴う売却計画を確約する場合で，かつ上記の条件を満たす場合，当社グループが売却後も従前の子会社に対する非支配持分を有するか否かにかかわらず，当該子会社のすべての資産及び負債を売却目的保有に分類しております。

　売却目的で保有する資産は，「帳簿価額」と「売却費用控除後の公正価値」のいずれか低い金額で測定します。「売却目的で保有する資産」に分類後の有形固定資産及び無形資産については，減価償却または償却は行っておりません。

(11) 金融商品·················

① 金融資産

(a) 金融資産の認識及び測定

　当社グループでは，金融資産は，契約条項の当事者となった場合に認識しております。営業債権及びその他の債権については，これらの取引日に当初認識しております。当初認識時において，金融資産をその公正価値で測定し，金融資産が純損益を通じて公正価値で測定するものでない場合には，金融資産の取得に直接起因する取引費用を加算しております。純損益を通じて公正価値で測定された金融資産の取引費用は，純損益に認識しております。

(b) 金融資産の分類（デリバティブを除く）

　デリバティブを除く金融資産の分類及び測定モデルの概要は以下のとおりであります。当社グループは，金融資産を当初認識時に償却原価で測定する金融資産，その他の包括利益を通じて公正価値で測定する資本性金融資産及び純損益を通じ

て公正価値で測定する金融資産に分類しております。

（ⅰ）　償却原価で測定する金融資産

　　　以下の要件をともに満たす場合に償却原価で測定する金融資産に分類しております。

　・当社グループのビジネスモデルにおいて，当該金融資産の契約上のキャッシュ・フローを回収することを目的として保有している場合

　・契約条件が，特定された日に元本及び元本残高に係る利息の支払いのみによるキャッシュ・フローを生じさせる場合

　　　償却原価で測定する金融資産は，公正価値（直接帰属する取引費用も含む）で当初認識しております。当初認識後，償却原価で測定する金融資産の帳簿価額については実効金利法を用いて算定し，必要な場合には減損損失を控除しております。

（ⅱ）　その他の包括利益を通じて公正価値で測定する資本性金融資産

　　　当社グループは，資本性金融資産については，公正価値の変動を純損益ではなくその他の包括利益を通じて認識するという選択（撤回不能）を行っております。公正価値変動による利得及び損失の事後における純損益への振替は行われません。

　　　その他の包括利益を通じて公正価値で測定する資本性金融資産は，公正価値（直接帰属する取引費用も含む）で当初認識しております。当初認識後は公正価値で測定し，公正価値の変動は「その他の包括利益を通じて公正価値で測定する金融資産」として，その他の包括利益に含めております。

　　　認識を中止した場合，その他の包括利益を通じて認識された利得または損失の累計額を直接利益剰余金へ振り替えております。

　　　なお，その他の包括利益を通じて公正価値で測定する資本性金融資産からの配当金については，純損益で認識しております。

（ⅲ）　純損益を通じて公正価値で測定する金融資産

　　　上記の金融資産の区分の要件のいずれかが満たされない場合，純損益を通じて公正価値で測定する金融資産に分類しております。

　　　純損益を通じて公正価値で測定する金融資産は，当初認識時に公正価値で

認識し，取引費用は発生時に純損益で認識しております。純損益を通じて公正価値で測定する金融資産に係る利得または損失は純損益で認識しております。

当社グループは，いずれの金融資産も，会計上のミスマッチを取り除くあるいは大幅に削減させるために，純損益を通じて公正価値で測定するものとして指定しておりません。

(c) 金融資産の認識の中止

当社グループは，金融資産は，投資から生じるキャッシュ・フローに対する契約上の権利が消滅したか，あるいは，当該投資が譲渡され，当社グループが金融資産の所有に係るリスク及び経済価値のほとんどすべてが移転する場合に，当該金融資産の認識を中止しております。移転した金融資産に関して当社グループが創出した，または当社グループが引き続き保有する持分については，別個の資産・負債として認識しております。

② 金融負債（デリバティブを除く）

(a) 金融負債の認識及び測定

当社グループは，金融負債を当社グループが当該金融商品の契約当事者になった時点で認識しております。金融負債の測定は以下の (b) 金融負債の分類に記載しております。

(b) 金融負債の分類

償却原価で測定する金融負債

償却原価で測定する金融負債は，当初認識時に公正価値からその発行に直接起因する取引コストを減算して測定しております。また，当初認識後は実効金利法に基づく償却原価で測定しております。

(c) 金融負債の認識の中止

当社グループは，金融負債が消滅した場合，つまり，契約上の義務が免責，取消または失効となった場合に，金融負債の認識を中止しております。

③ 金融資産及び金融負債の表示 ···

　金融資産及び金融負債は，当社グループが，それらの残高を相殺する法的に強制可能な権利を現在有しており，純額で決済するか，または資産の実現と負債の決済を同時に行う意図を有する場合にのみ，連結財政状態計算書上で相殺し，純額で表示しております。

（12）　金融資産の減損 ···

　当社グループは，当初認識時点から信用リスクが著しく増加していない場合には，12ヶ月の予想信用損失を損失評価引当金として認識しております。当初認識時点から信用リスクの著しい増加があった場合には，残存期間にわたる予想信用損失を損失評価引当金として認識しております。信用リスクが著しく増加しているか否かは，デフォルトリスクの変化に基づいて判断しており，デフォルトリスクに変化があるかどうかの判断にあたっては，以下を考慮しております。ただし，重大な金融要素を含んでいない営業債権については，当初から残存期間にわたる予想信用損失を認識しております。

　・金融資産の外部格付
　・内部格付の格下げ
　・売上の減少などの借手の営業成績の悪化
　・親会社，関連会社からの金融支援の縮小
　・延滞（期日超過情報）

　また，予想信用損失は，契約上受け取ることのできる金額と受取が見込まれる金額との差額の割引現在価値に基づいて測定しております。

（13）　デリバティブ及びヘッジ会計 ···

　デリバティブは，デリバティブ契約を締結した日の公正価値で当初認識され，当初認識後は各期末日の公正価値で再測定しております。

　当社グループにおいて，為替変動リスク，金利変動リスク等を軽減するため，為替予約，為替スワップ，金利スワップの各デリバティブ取引を実施しております。

再測定の結果生じる利得または損失の認識方法は，デリバティブがヘッジ手段として指定されているかどうか，また，ヘッジ手段として指定された場合にはヘッジ対象の性質によって決まります。

　当社グループは，デリバティブについてキャッシュ・フロー・ヘッジ（認識されている資産または負債，もしくは可能性の非常に高い予定取引に関連する特定のリスクによるキャッシュ・フローの変動のエクスポージャーに対するヘッジ）の指定を行っております。

　当社グループは，取引開始時に，ヘッジ手段とヘッジ対象との関係，ならびに種々のヘッジ取引の実施についてのリスク管理目的及び戦略について文書化しております。

　当社グループはまた，ヘッジ開始時及び継続的に，ヘッジ取引に利用したデリバティブ金融商品がヘッジ対象のキャッシュ・フローの変動を相殺するために有効であるか評価しております。具体的には，下記項目のすべてを満たす場合においてヘッジが有効と判断しております。

（ⅰ）　ヘッジ対象とヘッジ手段との間の経済的関係が相殺をもたらすこと

（ⅱ）　信用リスクの影響が経済的関係から生じる価値変動に著しく優越するものではないこと

（ⅲ）　「ヘッジ比率」は実際に使用しているヘッジ対象とヘッジ手段の数量から生じる比率と同じであることがヘッジ会計の適格要件となっていること

　ヘッジの有効性は，将来のヘッジ指定期間に渡り有効性が確保されているか否かにより判断されます。

　キャッシュ・フロー・ヘッジとして指定され，かつその要件を満たすデリバティブについて，当初認識後の公正価値の変動のうちヘッジ有効部分はその他の包括利益で認識し，ヘッジ非有効部分は純損益で認識しております。その他の包括利益を通じて認識された利得または損失の累計額はヘッジ対象のキャッシュ・フローが純損益に影響を与えるのと同じ期に，純損益に振り替えております。

　ヘッジ関係がヘッジ比率に関するヘッジ有効性の要求に合致しなくなったとしても，リスク管理目的が変わっていない場合，ヘッジの要件を再び満たすようにヘッジ関係のヘッジ比率を調整しております（以下「バランス再調整」）。

バランス再調整をした後で，ヘッジがヘッジ会計の要件をもはや満たさなくなった場合，あるいはヘッジ手段が失効，売却，終結または行使された場合には，ヘッジ会計の適用を将来に向けて中止しております。

　ヘッジ会計を中止した場合，当社グループは，すでにその他の包括利益で認識したキャッシュ・フロー・ヘッジの残高を，予定取引が発生するまでその他の包括利益に計上しております。予定取引の発生が予想されなくなった場合は，キャッシュ・フロー・ヘッジの残高は，純損益で認識しております。

　ヘッジ手段であるデリバティブ金融商品の公正価値全額は，ヘッジ対象の満期が12ヶ月を超える場合は非流動資産または非流動負債に，ヘッジ対象の満期が12ヶ月未満である場合には流動資産または流動負債に分類されております。

（14）　現金及び現金同等物

　連結キャッシュ・フロー計算書において，現金及び現金同等物は，手許現金，随時引き出し可能な預金及び容易に換金可能であり，かつ，価値の変動について僅少なリスクしか負わない取得日から3ヶ月以内に償還期限の到来する短期投資，及び当座借越から構成されております。連結財政状態計算書において，当座借越は流動負債に含まれております。

（15）　棚卸資産

　棚卸資産は，主として携帯端末等の商品及び工事関連の仕掛品から構成されております。

　棚卸資産は，原価または正味実現可能価額のいずれか低い金額で測定しております。原価は，原則として移動平均法に基づいて算定しており，購入原価ならびに棚卸資産の現在の保管場所及び状態に至るまでに要したすべての費用を含んでおります。正味実現可能価額は，通常の事業の過程における見積売価から，販売に要する見積費用を控除した金額で算定しております。

(16) 従業員給付 ･･

① 退職後給付

当社グループは，従業員の退職後給付制度として確定給付制度と確定拠出制度を採用しております。

(a) 確定給付制度

確定給付年金制度に関連して連結財政状態計算書で認識する資産（退職給付に係る資産）または負債（退職給付に係る負債）は，報告期間の末日現在の確定給付制度債務の現在価値から制度資産の公正価値を控除したものであります。確定給付制度債務は，独立した年金数理人が予測単位積増方式を用いて毎期算定しております。割引率は将来の給付支払見込日までの期間を基に割引期間を設定し，その割引期間に対応した，かつ，給付金が支払われる通貨建の期末日時点の優良社債の市場利回りに基づいております。

確定給付費用は，勤務費用，確定給付負債（資産）の純額に係る利息純額及び確定給付制度負債（資産）の純額に係る再測定から構成されます。勤務費用及び利息純額については純損益で認識し，利息純額の算定には前述の割引率を使用しております。再測定は数理計算上の差異，過去勤務費用及び制度資産に係る収益（利息純額に含まれる金額を除く）から構成されております。数理計算上の差異は発生時に即時にその他の包括利益として認識し，過去勤務費用は純損益として認識しております。

当社グループは，確定給付制度から生じるすべての確定給付負債（資産）の純額の再測定を即時にその他の包括利益で認識しており，直ちに利益剰余金に振り替えております。

(b) 確定拠出制度

確定拠出制度への拠出は，従業員がサービスを提供した期間に純損益として認識しております。

また，一部の子会社では複数事業主による年金制度に加入しており，期中の拠出額を年金費用として純損益で認識し，未払拠出金を債務として認識しております。

② 短期従業員給付

短期従業員給付は，割引計算をせず，関連するサービスが提供された時点で費用として認識しております。賞与及び有給休暇費用については，それらを支払う法的もしくは推定的な債務を有し，信頼性のある見積りが可能な場合に，それらの制度に基づいて支払われると見積られる額を負債として認識しております。

（17） 引当金

引当金は，過去の事象から生じた法的または推定的債務で，当社グループが当該債務を決済するために経済的便益が流出する可能性が高く，その債務の金額を信頼性をもって見積ることができる場合に認識しております。貨幣の時間的価値及び必要に応じてその負債に特有のリスクを反映させた税引前割引率で割り引いた期待将来キャッシュ・フローにより，引当金の額を算出しております。時の経過に伴う割引額の割戻しは，金融費用として認識しております。

（18） 株式に基づく報酬
① ストック・オプション

当社グループは，役員及び従業員に対するインセンティブ制度として，持分決済型のストック・オプション制度を導入しております。ストック・オプションは付与日における公正価値で測定しており，ストック・オプションの公正価値は，ブラック・ショールズモデル等を用いて算定しております。

ストック・オプションの付与日に決定した公正価値は，最終的に権利が確定すると予想されるストック・オプションの数の見積りに基づき，権利確定期間にわたって費用として認識し，同額を資本の増加として認識しております。
② 役員報酬BIP信託及びESOP信託

当社グループは，役員及び従業員に対するインセンティブ制度として，持分決済型の役員報酬BIP（Board Incentive Plan）信託及び株式付与ESOP（Employee Stock Ownership Plan）信託を導入しており，同信託が有する当社株式は自己株式として認識しております。当社株式の付与日における公正価値は，付与日から権利が確定するまでの期間に渡り費用として認識し，同額を資本剰余金の増加と

して認識しております。また，当社株式の付与日における公正価値は，株式の市場価格を予想配当利回りを考慮に入れて修正し，算定しております。

(19) 資本 ……………………………………………………………………

① 普通株式

普通株式は資本に分類しております。当社が発行した普通株式は，発行価額を資本金及び資本剰余金に計上し，直接発行費用は資本剰余金から控除しております。

② 自己株式

自己株式を取得した場合は，直接取引費用を含む税効果考慮後の支払対価を，資本の控除項目として認識しております。自己株式を売却した場合は，帳簿価額と売却時の対価の差額を資本剰余金として認識しております。

(20) 売上高 ……………………………………………………………………

当社グループにおける主要な収益認識基準は，以下のとおりであります。

① 移動通信サービス

当社グループの収益は，主にモバイル通信サービス（UQ mobile・MVNO サービス含む）における収益と携帯端末販売における収益から構成されております。当社グループは，お客さまと直接または代理店経由でモバイル通信サービス契約を締結している一方で，携帯端末を主として代理店へ販売しております。

モバイル通信サービスにおける収益は，主に月額基本使用料及び通信料収入（以下「モバイル通信サービス収入」）と契約事務等の手数料収入からなります。モバイル通信サービス収入及び契約事務等の手数料収入は，お客さまに対して契約に基づいたサービスを提供することによって履行義務が充足されると判断し，サービス提供時点で定額料金及び従量課金に基づき認識しております。また，通信料金の割引については，毎月のモバイル通信サービス収入から控除しております。

なお，モバイル通信サービス収入にかかる取引の対価は請求日から概ね翌月までに受領しております。

また，携帯端末販売における収益（以下「携帯端末収入」）は，お客さま，または

は代理店に対する携帯端末及びアクセサリー類の販売収入から構成されております。

　上記取引の商流としては，当社グループが代理店に対して携帯端末を販売し，代理店を通じてお客さまと通信契約の締結を行うもの（以下「間接販売」）と，当社グループがお客さまに対して携帯端末を販売し，直接通信契約の締結を行うもの（以下「直接販売」）からなります。それぞれの収益の認識基準は以下のとおりであります。

　携帯端末収入については，代理店等に販売後，概ね翌月に受領しております。

1）　間接販売

　　間接販売において，当社グループが代理店に販売した端末を販売する責任及び在庫リスクは代理店が有していることから，当社グループは，代理店を本人として取り扱っております。そのため，携帯端末収入は，携帯端末の支配が当社グループから代理店に移転し，履行義務が充足したと考えられる携帯端末の代理店への引き渡し時点で，収益を認識しております。また，代理店に対して支払う手数料の一部は，代理店へ携帯端末を販売した時点で携帯端末収入から控除しております。

2）　直接販売

　　直接販売の場合，携帯端末収入，モバイル通信サービス収入等は一体の取引であると考えられるため，契約を結合の上，単一の契約として会計処理しております。取引の合計額を携帯端末及びモバイル通信サービスの独立販売価格の比率に基づき，携帯端末収入及びモバイル通信サービス収入に配分しております。携帯端末収入に配分された金額は，携帯端末販売時に，モバイル通信サービス収入に配分された金額は，お客さまにサービスを提供した時点で，履行義務が充足されたと判断し，収益として認識しております。

　なお，間接販売，直接販売のいずれの場合も，契約事務手数料収入及び機種変更手数料収入は，別個の履行義務とは認識することなく，通信サービスと合わせて1つの履行義務として認識し，契約時は契約負債として繰り延べられ，重要な更新オプションが存在する期間にわたり収益として認識しております。

　これらの取引の対価は契約時に前受けする形で受領しています。

また，モバイル通信サービス収入の請求額に応じて，お客さまへポイントを付与するカスタマー・ロイヤルティ・プログラムについては，将来の解約等による失効部分を反映したポイントの見積利用率を考慮して算定された交換される特典の独立販売価格を基礎として取引価格の配分を行い，お客さまがポイントを使用し，財またはサービスの支配を獲得した時点で，履行義務を充足したと考えられるため，当該時点において，収益を認識しております。

② **固定通信サービス（CATV事業を含む）**

　固定通信サービスにおける収益は，主に音声伝送サービス収入，データ通信サービス収入，FTTHサービス収入，CATVサービス収入，関連する初期工事費用収入からなります。

　上記のうち，初期工事費用収入を除いた収入に関するサービスについては，お客さまに対して契約に基づいたサービスを提供することが履行義務であり，サービスを提供した時点において履行義務が充足されると判断し，サービス提供時に収益計上しております。また，初期工事費用収入は，残存率を基礎とした見積平均契約期間にわたり，収益を認識しています。

　これらの取引の対価は，請求日から概ね翌月までに受領しております。

③ **付加価値サービス**

　付加価値サービスにおける収益は，主に情報料収入，債権譲渡手数料収入，広告掲載料収入，代理店手数料収入，電力収入等からなります。情報料収入は当社グループが単独または他社と共同で運営するウェブサイト上でお客さまに対して提供したコンテンツの会員収入であり，コンテンツサービスを一定期間にわたって提供し経過期間に応じて履行義務が充足されます。また，債権譲渡手数料収入は，コンテンツプロバイダー（以下「CP」）の債権を，当社が通信料金と合わせてCPの代わりにお客さまから回収するため，CPから債権を譲り受けることに対する手数料収入であり，当社がその債権を譲り受けた時点において履行義務が充足されます。電力収入は，電力の小売りサービスにおける収入であり，電力サービスを提供した時点において履行義務が充足されます。これらの収入については，お客さまとの契約に基づいて識別された履行義務が時の経過またはお客さまにサービスを提供した時点に基づいて充足されるため，個々の契約内容に基づき，

サービス提供期間にわたって収益を認識しております。

　当社グループは，仲介業者または代理人としての機能を果たす場合があります。このような取引における収益を報告するにあたり，収益をお客さまから受け取る対価の総額で表示するか，またはお客さまから受け取る対価の総額から第三者に対する手数料その他の支払額を差し引いた純額で表示するかを判断しております。これらの判断にあたっては，当社グループが契約の当事者として財またはサービスの提供に主たる責任を有しているか，在庫リスクを負っているか，価格決定権を有しているか等を総合的に勘案しております。ただし，総額または純額，いずれの方法で表示した場合でも，売上総利益及び当期利益に影響はありません。主に，債権譲渡手数料収入，広告掲載料収入，代理店手数料収入のサービスにおいて，当社グループは，契約等で定められた料率に基づいて手数料を受け取るのみであり，価格決定権は無く，また，コンテンツサービスを行うプラットフォームを提供するのみであるため，当該サービスについて，お客さまに移転される前に，当社グループがサービスを支配しておりません。そのため，当社グループは仲介業者または代理人として位置付けられることから，純額で表示しております。

　これらの取引の対価は，履行義務の充足後，概ね1ヶ月から3ヶ月以内に受領しております。

④　ソリューションサービス

　ソリューションサービスにおける収益は，主に機器販売サービス，エンジニアリングサービス，マネージメントサービスからなります（以下「ソリューションサービス収入」）。ソリューションサービス収入は，履行義務が充足されるお客さまに納品もしくはサービスを提供した時点で，お客さまから受け取る対価に基づき収益を認識しております。

　これらの取引の対価は，請求日から概ね翌月までに受領しております。

⑤　グローバルサービス

　グローバルサービスは主にソリューションサービス，データセンターサービス及び携帯電話サービスから構成されております。

　データセンターサービスにおける収益は，全世界主要拠点で自営データセンターを展開しその対価として受け取るスペース，電力及びネットワークを含むサー

ビス使用料からなります。複数年契約が一般的であり，当該履行義務は時の経過につれて充足されるため，その提供期間にわたって収益を認識しております。

これらの取引の対価は，基本的に履行義務の充足前に請求し，請求後，概ね翌月までに受領しております。

携帯電話サービスにおける収益は，携帯端末収入及びモバイル通信サービス収入からなります。携帯端末収入は，携帯端末販売時に，モバイル通信サービス収入は，お客さまにサービスを提供した時点で，履行義務が充足されたと判断し，収益として認識しております。

(21)　金融収益及び金融費用

金融収益は，主として受取利息，受取配当金，為替差益及び純損益を通じて公正価値で測定する金融資産の公正価値の変動等から構成されております。受取利息は，実効金利法を用いて発生時に認識しております。当社グループが受け取る配当は，配当を受ける権利（株主の権利）が確定したときに，認識しております。

金融費用は，主として支払利息，為替差損，純損益を通じて公正価値で測定する金融資産の公正価値の変動等から構成されております。また，支払利息は，実効金利法により発生時に認識しております。

(22)　その他の営業外損益

その他の営業外損益は，投資活動に係る損益を含めております。具体的には，段階取得に係る差損益，関係会社株式売却損益及び持分変動損益等を含めております。

(23)　借入コスト

適格資産，すなわち意図した使用または販売が可能となるまでに相当の期間を要する資産に関して，その資産の取得，建設に直接起因する借入コストは，当該資産の取得原価の一部として資産化しております。その他の借入コストはすべて，発生した期間に費用として認識しております。

（24）　法人所得税 ···

　法人所得税は，当期税金及び繰延税金で構成されており，資本に直接認識される項目またはその他の包括利益で認識される項目から生じる税金を除き，純損益で認識しております。

　当期税金は，当年度の課税所得に対する税務当局への納税見込額あるいは税務当局からの還付見込額に過年度の納税調整額を加味したものであります。税額の算定にあたっては，当社グループが事業活動を行い，課税対象となる損益を稼得する国において，期末日までに施行または実質的に施行されている税率及び税法にしたがっております。

　繰延税金は，資産負債法により，連結財務諸表上の資産及び負債の帳簿価額と資産及び負債の税務基準額との間に生じる一時差異，繰越欠損金及び税額控除に対して計上しております。ただし，以下の一時差異に対しては，繰延税金資産及び負債を計上しておりません。

- ・のれんの当初認識から生じる将来加算一時差異
- ・会計上の損益にも税務上の課税所得（税務上の欠損金）にも影響を与えない取引（企業結合取引を除く）によって発生する資産及び負債の当初認識により生じる一時差異
- ・子会社及び関連会社に対する投資に係る将来加算一時差異のうち，解消時期をコントロールでき，かつ予測可能な期間内に一時差異が解消しない可能性が高い場合

　繰延税金資産は，将来減算一時差異，未使用の繰越税額控除及び繰越欠損金について，それらを回収できる課税所得の稼得が見込まれる範囲において認識し，繰延税金負債は，将来加算一時差異について認識しております。繰延税金資産の帳簿価額は毎期見直され，繰延税金資産の全額または一部が回収できるだけの十分な課税所得が稼得されない可能性が高い部分については，帳簿価額を減額しております。

　繰延税金は，期末日までに施行または実質的に施行されている法律に基づいて，一時差異が解消される時に適用されると予測される税率を用いて測定しております。

繰延税金資産及び負債は，当期税金資産と当期税金負債を相殺する法律的に
強制力のある権利を有しており，かつ同一の税務当局によって同一の納税主体に
課されている場合，相殺しております。

(25)　配当

　当社の株主に対する配当は，当該配当が親会社の株主による承認が行われた期
間の負債として認識しております。

(26)　1株当たり利益

　当社グループは，普通株式に係る基本的1株当たり当期利益（親会社の所有者
に帰属）を開示しております。

　基本的1株当たり当期利益は，親会社の普通株主に帰属する当期利益を，その
期間中の自己株式を調整した発行済普通株式の加重平均株式数で除して算定して
おります。

　希薄化後1株当たり当期利益は，希薄化効果を有するすべての潜在株式が転換
されたと仮定して，親会社の所有者に帰属する当期利益及び自己株式を調整した
発行済普通株式の加重平均株式数を調整することにより算定しております。当社
グループの潜在的普通株式は役員報酬BIP信託及びESOP信託等に係るものであ
ります。

(1) 財務諸表 ···

① 貸借対照表

（単位：百万円）

	前事業年度 （2022年3月31日）	当事業年度 （2023年3月31日）
資産の部		
固定資産		
電気通信事業固定資産		
有形固定資産		
機械設備	2,797,270	2,917,998
減価償却累計額	△2,291,059	△2,403,684
機械設備（純額）	506,211	514,315
空中線設備	897,534	930,689
減価償却累計額	△604,662	△643,027
空中線設備（純額）	292,872	287,661
端末設備	8,595	8,820
減価償却累計額	△7,234	△7,421
端末設備（純額）	1,361	1,400
市内線路設備	221,233	225,988
減価償却累計額	△191,046	△195,621
市内線路設備（純額）	30,187	30,366
市外線路設備	95,501	95,884
減価償却累計額	△91,132	△91,818
市外線路設備（純額）	4,369	4,067
土木設備	62,186	62,736
減価償却累計額	△51,370	△52,673
土木設備（純額）	10,816	10,063
海底線設備	47,191	47,192
減価償却累計額	△44,778	△45,171
海底線設備（純額）	2,413	2,020
建物	419,370	426,534
減価償却累計額	△277,469	△287,967
建物（純額）	141,901	138,567
構築物	90,674	91,616
減価償却累計額	△71,405	△73,547
構築物（純額）	19,269	18,069
機械及び装置	4,679	4,711
減価償却累計額	△4,383	△4,442
機械及び装置（純額）	295	269
車両	3,168	3,134
減価償却累計額	△2,024	△2,314
車両（純額）	1,144	820
工具、器具及び備品	101,735	102,987
減価償却累計額	△83,612	△86,311
工具、器具及び備品（純額）	18,122	16,675
土地	260,555	260,677
建設仮勘定	279,446	258,571
有形固定資産合計	※1 1,568,963	※1 1,543,542

（単位：百万円）

	前事業年度 (2022年3月31日)	当事業年度 (2023年3月31日)
無形固定資産		
海底線使用権	1,153	897
施設利用権	13,570	12,676
ソフトウェア	286,382	278,795
借地権	1,429	1,429
のれん	14,028	13,270
その他の無形固定資産	121	94
無形固定資産合計	※1 316,683	※1 307,161
電気通信事業固定資産合計	1,885,646	1,850,702
附帯事業固定資産		
有形固定資産		
有形固定資産	48,006	40,608
減価償却累計額	△35,325	△28,000
有形固定資産（純額）	12,681	12,607
有形固定資産合計	※1 12,681	※1 12,607
無形固定資産		
無形固定資産合計	31,147	41,615
附帯事業固定資産合計	43,828	54,223
投資その他の資産		
投資有価証券	188,036	170,438
関係会社株式	※3 1,185,093	※3 1,170,883
出資金	63	63
関係会社出資金	5,742	5,742
長期貸付金	3	3
関係会社長期貸付金	※2 49,312	※2 61,900
長期前払費用	272,856	343,980
繰延税金資産	118,323	106,972
その他の投資及びその他の資産	40,931	42,447
貸倒引当金	△12,560	△15,130
投資その他の資産合計	1,847,800	1,887,297
固定資産合計	3,777,274	3,792,222
流動資産		
現金及び預金	108,876	72,602
受取手形	1	11
売掛金	※2 1,609,000	※2 1,619,822
未収入金	※2 172,679	※2 222,814
貯蔵品	55,647	74,749
前渡金	200	58
前払費用	53,209	53,821
関係会社短期貸付金	※2,※5 152,054	※2,※5 113,941
その他の流動資産	51,317	62,860
貸倒引当金	△13,675	△14,416
流動資産合計	2,189,306	2,206,262
資産合計	5,966,580	5,998,484

	前事業年度 （2022年3月31日）	当事業年度 （2023年3月31日）
負債の部		
固定負債		
社債	280,000	310,000
長期借入金	※2 193,500	※2 242,000
リース債務	51	31
退職給付引当金	5,806	4,471
ポイント引当金	21,517	15,499
完成工事補償引当金	6,247	5,145
資産除去債務	54,731	38,528
役員株式報酬引当金	2,384	3,135
従業員株式報酬引当金	5,067	—
その他の固定負債	※2 11,118	※2 19,037
固定負債合計	580,421	637,846
流動負債		
1年以内に期限到来の固定負債	※2 165,500	※2 121,500
買掛金	※2 121,254	※2 47,493
短期借入金	※2 329,742	※2 450,716
リース債務	50	4
未払金	※2 434,329	※2 499,945
未払費用	※2 5,200	※2 5,028
未払法人税等	85,820	80,200
契約負債	55,936	41,789
前受金	10,633	13,700
預り金	44,619	31,964
賞与引当金	17,040	17,512
役員賞与引当金	353	307
資産除去債務	45	—
契約損失引当金	836	6,854
災害損失引当金	571	365
その他の流動負債	591	5,577
流動負債合計	1,272,519	1,322,954
負債合計	1,852,940	1,960,800
純資産の部		
株主資本		
資本金	141,852	141,852
資本剰余金		
資本準備金	305,676	305,676
資本剰余金合計	305,676	305,676
利益剰余金		
利益準備金	11,752	11,752
その他利益剰余金		
固定資産圧縮積立金	677	677
特別出資積立金	896	1,744
別途積立金	3,254,834	3,488,434
繰越利益剰余金	657,008	602,857
利益剰余金合計	3,925,167	4,105,464
自己株式	△306,403	△547,182
株主資本合計	4,066,292	4,005,810
評価・換算差額等		
その他有価証券評価差額金	47,348	31,874
評価・換算差額等合計	47,348	31,874
純資産合計	4,113,639	4,037,684
負債・純資産合計	5,966,580	5,998,484

② 損益計算書

(単位:百万円)

	前事業年度 (自 2021年4月1日 至 2022年3月31日)	当事業年度 (自 2022年4月1日 至 2023年3月31日)
電気通信事業営業損益		
営業収益		
営業収益合計	※1 2,596,243	※1 2,461,576
営業費用		
営業費	568,872	493,277
運用費	11	11
施設保全費	273,604	289,581
共通費	3,033	2,058
管理費	116,627	109,489
試験研究費	6,271	5,180
減価償却費	374,321	371,204
固定資産除却費	20,091	15,885
通信設備使用料	409,052	414,882
租税公課	44,423	44,595
営業費用合計	※2,※6 1,816,305	※2,※6 1,746,162
電気通信事業営業利益	779,938	715,414
附帯事業営業損益		
営業収益	※1 1,440,779	※1 1,319,202
営業費用	※2,※6 1,499,572	※2,※6 1,411,792
附帯事業営業損失(△)	△58,792	△92,590
営業利益	721,146	622,824
営業外収益		
受取利息	1,056	1,609
受取配当金	※4 53,682	※4 65,881
為替差益	4,346	4,187
補助金収入	2,682	55,283
雑収入	12,445	16,754
営業外収益合計	※3 74,211	※3 143,714
営業外費用		
支払利息	1,149	1,091
社債利息	993	1,125
雑支出	2,671	3,303
営業外費用合計	※3 4,813	※3 5,520
経常利益	790,544	761,018
特別利益		
投資有価証券売却益	2,286	801
投資有価証券評価益	—	115
関係会社株式売却益	1,473	—
工事負担金等受入額	10	—
特別利益合計	3,768	917
特別損失		
減損損失	※5 1,879	※5 1,077
投資有価証券売却損	761	—
投資有価証券評価損	2,204	1,669
関係会社株式評価損	923	282
関係会社清算損	2,663	—
工事負担金等圧縮額	10	—
特別損失合計	8,440	3,028
税引前当期純利益	785,872	758,906
法人税、住民税及び事業税	206,417	193,280
法人税等調整額	18,439	18,173
法人税等合計	224,856	211,453
当期純利益	561,015	547,454

電気通信事業営業費用明細表

区分	注記番号	前事業年度 (自 2021年4月1日 至 2022年3月31日) 事業費 (百万円)	管理費 (百万円)	計 (百万円)	当事業年度 (自 2022年4月1日 至 2023年3月31日) 事業費 (百万円)	管理費 (百万円)	計 (百万円)
人件費	(注) 2	89,612	36,711	126,322	76,266	39,506	115,772
経費		746,227	79,790	826,016	695,349	69,865	765,213
材料・部品費		638	－	638	474	2	477
消耗品費		24,272	3,099	27,371	19,879	1,735	21,614
借料・損料		95,598	24,971	120,569	100,513	18,419	118,932
保険料		1,416	379	1,795	1,466	401	1,866
光熱水道料		51,161	424	51,586	62,389	805	63,193
修繕費		10,206	49	10,255	10,698	64	10,761
旅費交通費		1,282	321	1,603	1,604	720	2,324
通信運搬費		8,452	268	8,720	6,791	210	7,001
広告宣伝費	(注) 3	47,760	5,067	52,826	24,204	4,846	29,050
交際費		169	810	979	407	867	1,274
厚生費		3,288	1,886	5,174	2,980	2,376	5,356
作業委託費		220,205	37,760	257,965	248,953	35,888	284,840
雑費	(注) 4	281,779	4,756	286,535	214,992	3,532	218,524
業務委託費		1,592	127	1,719	1,307	118	1,425
海底線支払費		1,298	－	1,298	1,491	－	1,491
衛星支払費		4,911	－	4,911	5,809	－	5,809
回線使用料		330	－	330	386	－	386
貸倒損失	(注) 5	7,822	－	7,822	9,500	－	9,500
小計		851,792	116,627	968,419	790,108	109,489	899,596
減価償却費				374,321			371,204
固定資産除却費				20,091			15,885
通信設備使用料	(注) 6			409,052			414,882
租税公課				44,423			44,595
合計				1,816,305			1,746,162

(注) 1. 事業費には，営業費，運用費，施設保全費，共通費及び試験研究費が含まれております。
2. 人件費には，賞与引当金繰入額（前事業年度 15,613百万円，当事業年度 16,063百万円）及び退職給付費用（前事業年度 1,618百万円，当事業年度 △5,265百万円）が含まれております。
3. 広告宣伝費には，新聞，テレビ等の媒体による広告費，協賛金等が含まれております。
4. 雑費には，販売手数料等が含まれております。
5. 貸倒損失には，貸倒引当金繰入額（前事業年度 7,822百万円，当事業年度 9,500百万円）が含まれております。
6. 通信設備使用料には，NTTの事業者間接続料金（前事業年度 23,483百万円，当事業年度 20,753百万円）が含まれております。

③　株主資本等変動計算書

前事業年度（自　2021年4月1日　至　2022年3月31日）　　　（単位：百万円）

	株主資本							
		資本剰余金		利益剰余金				
						その他利益剰余金		
	資本金	資本準備金	その他資本剰余金	利益準備金	固定資産圧縮積立金	特別償却準備金	特別出資積立金	別途積立金
当期首残高	141,852	305,676	–	11,752	677	3	447	2,995,634
会計方針の変更による累積的影響額	–	–	–	–	–	–	–	–
会計方針の変更を反映した当期首残高	141,852	305,676	–	11,752	677	3	447	2,995,634
当期変動額								
剰余金の配当	–	–	–	–	–	–	–	–
特別償却準備金の取崩	–	–	–	–	–	△3	–	–
特別出資積立金の積立	–	–	–	–	–	–	449	–
別途積立金の積立	–	–	–	–	–	–	–	259,200
当期純利益	–	–	–	–	–	–	–	–
自己株式の取得	–	–	–	–	–	–	–	–
自己株式の処分	–	–	–	–	–	–	–	–
自己株式の消却	–	–	–	–	–	–	–	–
利益剰余金から資本剰余金への振替	–	–	–	–	–	–	–	–
株主資本以外の項目の当期変動額（純額）	–	–	–	–	–	–	–	–
当期変動額合計	–	–	–	–	–	△3	449	259,200
当期末残高	141,852	305,676	–	11,752	677		896	3,254,834

| | 株主資本 | | | 評価・換算差額等 | 純資産合計 |
	利益剰余金 その他利益剰余金 繰越利益剰余金	自己株式	株主資本合計	その他有価証券評価差額金	
当期首残高	661,754	△93,236	4,024,559	36,208	4,060,767
会計方針の変更による累積的影響額	△34,286	–	△34,286	–	△34,286
会計方針の変更を反映した当期首残高	627,468	△93,236	3,990,273	36,208	4,026,481
当期変動額					
剰余金の配当	△271,829	–	△271,829	–	△271,829
特別償却準備金の取崩	3	–	–	–	–
特別出資積立金の積立	△449	–	–	–	–
別途積立金の積立	△259,200	–	–	–	–
当期純利益	561,015	–	561,015	–	561,015
自己株式の取得	–	△213,763	△213,763	–	△213,763
自己株式の処分	–	–	–	–	–
自己株式の消却	–	–	–	–	–
利益剰余金から資本剰余金への振替	–	–	–	–	–
株主資本以外の項目の当期変動額（純額）	–	595	595	11,140	11,735
当期変動額合計	29,540	△213,167	76,019	11,140	87,158
当期末残高	657,008	△306,403	4,066,292	47,348	4,113,639

当事業年度（自　2022年4月1日　至　2023年3月31日）

(単位：百万円)

	株主資本							
	資本金	資本剰余金		利益剰余金				
		資本準備金	その他資本剰余金	利益準備金	その他利益剰余金			
					固定資産圧縮積立金	特別償却準備金	特別出資積立金	別途積立金
当期首残高	141,852	305,676	–	11,752	677	–	896	3,254,834
会計方針の変更による累積的影響額	–	–	–	–	–	–	–	–
会計方針の変更を反映した当期首残高	141,852	305,676	–	11,752	677	–	896	3,254,834
当期変動額								
剰余金の配当	–	–	–	–	–	–	–	–
特別償却準備金の取崩	–	–	–	–	–	–	–	–
特別出資積立金の積立	–	–	–	–	–	–	848	–
別途積立金の積立	–	–	–	–	–	–	–	233,600
当期純利益	–	–	–	–	–	–	–	–
自己株式の取得	–	–	–	–	–	–	–	–
自己株式の処分	–	–	1,300	–	–	–	–	–
自己株式の消却	–	–	△5,313	–	–	–	–	–
利益剰余金から資本剰余金への振替	–	–	4,014	–	–	–	–	–
企業結合による増加又は分割型の会社分割による減少	–	–	–	–	–	–	–	–
株主資本以外の項目の当期変動額（純額）	–	–	–	–	–	–	–	–
当期変動額合計	–	–	–	–	–	–	848	233,600
当期末残高	141,852	305,676	–	11,752	677	–	1,744	3,488,434

	株主資本			評価・換算差額等	純資産合計
	利益剰余金	自己株式	株主資本合計	その他有価証券評価差額金	
	その他利益剰余金				
	繰越利益剰余金				
当期首残高	657,008	△306,403	4,066,292	47,348	4,113,639
会計方針の変更による累積的影響額	–	–	–	–	–
会計方針の変更を反映した当期首残高	657,008	△306,403	4,066,292	47,348	4,113,639
当期変動額					
剰余金の配当	△286,825	–	△286,825	–	△286,825
特別償却準備金の取崩	–	–	–	–	–
特別出資積立金の積立	△848	–	–	–	–
別途積立金の積立	△233,600	–	–	–	–
当期純利益	547,454	–	547,454	–	547,454
自己株式の取得	–	△254,647	△254,647	–	△254,647
自己株式の処分	–	5,891	7,191	–	7,191
自己株式の消却	–	5,313	–	–	–
利益剰余金から資本剰余金への振替	△4,014	–	–	–	–
企業結合による増加又は分割型の会社分割による減少	△76,318	–	△76,318	△65	△76,383
株主資本以外の項目の当期変動額（純額）	–	2,663	2,663	△15,408	△12,745
当期変動額合計	△54,151	△240,779	△60,482	△15,473	△75,955
当期末残高	602,857	△547,182	4,005,810	31,874	4,037,684

【注記事項】

（重要な会計方針）

1. 有価証券の評価基準及び評価方法 ···

（1） 子会社株式及び関連会社株式 ···

　　移動平均法による原価法を採用しております。

（2） その他有価証券 ···

　　市場価格のない株式以外のもの

　　　時価法（評価差額は全部純資産直入法により処理し，売却原価は移動平均法
　　　により算定）を採用しております。

　　市場価格のない株式等

　　　主として移動平均法による原価法を採用しております。

2. 棚卸資産の評価基準及び評価方法 ···

　　貯蔵品

　　　移動平均法による原価法（貸借対照表価額は収益性の低下に基づく簿価切下
　　　げの方法により算定）を採用しております。

3. 固定資産の減価償却の方法 ···

（1） 有形固定資産（リース資産を除く） ···

　　機械設備　　　　　　　　　　　　主として定率法

　　機械設備を除く有形固定資産　　　定額法

　　なお，主な耐用年数は以下のとおりであります。

　　　機械設備　　　9年

　　　空中線設備，建物，市内線路設備，構築物，工具器具及び備品　10～42年

（2） 無形固定資産 ···

　　定額法を採用しております。

　　なお，自社利用のソフトウェアについては，社内における利用可能期間（5～
10年）に基づく定額法によっております。

（3） リース資産 ··
　所有権移転外ファイナンス・リース取引に係るリース資産
　リース期間を耐用年数とし，残存価額を零とする定額法を採用しております。
（4） 長期前払費用 ···
　定額法を採用しております。

4. 引当金の計上基準 ···

（1） 貸倒引当金 ··
　債権等の貸倒れによる損失に備えるため，一般債権については貸倒実績率により，貸倒懸念債権等特定の債権については個別に回収可能性を勘案し，回収不能見込額を計上しております。

（2） 退職給付引当金 ···
　従業員の退職給付に備えるため，当事業年度末における退職給付債務及び年金資産の見込額に基づき，当事業年度末において発生していると認められる額を計上しております。

　退職給付債務の算定にあたり，退職給付見込額を当事業年度末までの期間に帰属させる方法については，給付算定式基準によっております。

　過去勤務費用は，その発生時の従業員の平均残存勤務期間以内の一定の年数（14年以内）による定額法により費用処理しております。

　数理計算上の差異は，その発生時の従業員の平均残存勤務期間以内の一定の年数（14年以内）による定額法により翌事業年度から費用処理しております。

（3） ポイント引当金 ···
　将来の「au Ponta ポイントプログラム」等，一部のポイントサービスの利用による費用負担に備えるため，利用実績率に基づき翌事業年度以降に利用されると見込まれるポイントに対する所要額を計上しております。

（4） 完成工事補償引当金 ···
　引渡しを完了した海底ケーブル建設工事に係る瑕疵担保の費用に備えるため，保証期間の無償補償見積額に基づき計上しております。

(5) 役員株式報酬引当金 ....

取締役・執行役員・理事に対する当社株式等の給付に備えるため，当事業年度末における株式給付債務の見込額に基づき計上しております。

(6) 従業員株式報酬引当金 ....

管理職社員に対する当社株式等の給付に備えるため，株式給付債務の見込額に基づき計上しております。

なお，当社は，株式付与ESOP信託制度を導入しておりましたが，2022年7月末をもって本制度を終了しております。

(7) 賞与引当金 ....

従業員に対し支給する賞与の支出に充てるため，支給見込額基準により計上しております。

(8) 役員賞与引当金 ....

役員に対し支給する役員賞与の支出に充てるため，支給見込額により計上しております。

(9) 契約損失引当金 ....

将来の契約履行に伴い発生する可能性のある損失に備えるため，損失の見込額を計上しております。

(10) 災害損失引当金 ....

2021年度に発生した震災による被害を受けた資産の復旧等に要する見積額を計上しております。

5. 収益及び費用の計上基準 ....

当社における主要な収益認識基準は，以下のとおりであります。

(1) 移動通信サービス ....

当社の収益は，主にモバイル通信サービスにおける収益と携帯端末販売における収益から構成されております。

当社は，お客さまと直接または代理店経由でモバイル通信サービス契約を締結している一方で，携帯端末を主として代理店へ販売しております。

モバイル通信サービスにおける収益は，主に月額基本使用料及び通信料収入（以

下「モバイル通信サービス収入」）と契約事務等の手数料収入からなります。モバイル通信サービス収入及び契約事務等の手数料収入は，お客さまに対して契約に基づいたサービスを提供することによって履行義務が充足されると判断し，サービス提供時点で定額料金及び従量課金に基づき認識しております。また，通信料金の割引については，毎月のモバイル通信サービス収入から控除しております。

　なお，モバイル通信サービス収入にかかる取引の対価は請求日から概ね翌月までに受領しております。

　また，携帯端末販売における収益（以下「携帯端末収入」）は，お客さま，または代理店に対する携帯端末及びアクセサリー類の販売収入から構成されております。

　上記取引の商流としては，当社が代理店に対して携帯端末を販売し，代理店を通じてお客さまと通信契約の締結を行うもの（以下「間接販売」）と，当社がお客さまに対して携帯端末を販売し，直接通信契約の締結を行うもの（以下「直接販売」）からなります。それぞれの収益の認識基準は以下のとおりであります。

　携帯端末収入については，代理店等に販売後，概ね翌月に受領しております。

① 間接販売

　間接販売において，当社が代理店に販売した端末を販売する責任及び在庫リスクは代理店が有していることから，当社は，代理店を本人として取り扱っております。そのため，携帯端末収入は，携帯端末の支配が当社から代理店に移転し，履行義務が充足したと考えられる携帯端末の代理店への引き渡し時点で，収益を認識しております。また，代理店に対して支払う手数料の一部は，代理店へ携帯端末を販売した時点で携帯端末収入から控除しております。

② 直接販売

　直接販売の場合，携帯端末収入，モバイル通信サービス収入等は一体の取引であると考えられるため，契約を結合の上，単一の契約として会計処理しております。取引の合計額を携帯端末及びモバイル通信サービスの独立販売価格の比率に基づき，携帯端末収入及びモバイル通信サービス収入に配分しております。携帯端末収入に配分された金額は，携帯端末販売時に，モバイル通信サービス収入に配分された金額は，お客さまにサービスを提供した時点で，履行義務が充足され

たと判断し，収益として認識しております。

　なお，間接販売，直接販売のいずれの場合も，契約事務手数料収入及び機種変更手数料収入は，別個の履行義務とは認識することなく，通信サービスと合わせて1つの履行義務として認識し，契約時は契約負債として繰り延べられ，重要な更新オプションが存在する期間にわたり収益として認識しております。

　これらの取引の対価は契約時に前受けする形で受領しています。

　また，モバイル通信サービス収入の請求額に応じて，お客さまへポイントを付与するカスタマー・ロイヤルティ・プログラムについては，将来の解約等による失効部分を反映したポイントの見積利用率を考慮して算定された交換される特典の独立販売価格を基礎として取引価格の配分を行い，お客さまがポイントを使用し，財またはサービスの支配を獲得した時点で，履行義務を充足したと考えられるため，当該時点において，収益を認識しております。

(2) 固定通信サービス

　固定通信サービスにおける収益は，主に音声伝送サービス収入，データ通信サービス収入，FTTHサービス収入，関連する初期工事費用収入からなります。

　上記のうち，初期工事費用収入を除いた収入に関するサービスについては，お客さまに対して契約に基づいたサービスを提供することが履行義務であり，サービスを提供した時点において履行義務が充足されると判断し，サービス提供時に収益計上しております。また，初期工事費用収入は，残存率を基礎とした見積平均契約期間にわたり，収益を認識しています。

　これらの取引の対価は，請求日から概ね翌月までに受領しております。

(3) 付加価値サービス

　付加価値サービスにおける収益は，主に情報料収入，債権譲渡手数料収入，広告掲載料収入，代理店手数料収入，電力収入等からなります。情報料収入は当社が単独または他社と共同で運営するウェブサイト上でお客さまに対して提供したコンテンツの会員収入であり，コンテンツサービスを一定期間にわたって提供し経過期間に応じて履行義務が充足されます。また，債権譲渡手数料収入は，コンテンツプロバイダー（以下「CP」）の債権を，当社が通信料金と合わせてCPの代わりにお客さまから回収するため，CPから債権を譲り受けることに対する手数

料収入であり，当社がその債権を譲り受けた時点において履行義務が充足されます。電力収入は，電力の小売りサービスにおける収入であり，電力サービスを提供した時点において履行義務が充足されます。これらの収入については，お客さまとの契約に基づいて識別された履行義務が時の経過またはお客さまにサービスを提供した時点に基づいて充足されるため，個々の契約内容に基づき，サービス提供期間にわたって収益を認識しております。

当社は，仲介業者または代理人としての機能を果たす場合があります。このような取引における収益を報告するにあたり，収益をお客さまから受け取る対価の総額で表示するか，またはお客さまから受け取る対価の総額から第三者に対する手数料その他の支払額を差し引いた純額で表示するかを判断しております。これらの判断にあたっては，当社が契約の当事者として財またはサービスの提供に主たる責任を有しているか，在庫リスクを負っているか，価格決定権を有しているか等を総合的に勘案しております。ただし，総額または純額，いずれの方法で表示した場合でも，売上総利益及び当期利益に影響はありません。

主に，債権譲渡手数料収入，広告掲載料収入，代理店手数料収入のサービスにおいて，当社は，契約等で定められた料率に基づいて手数料を受け取るのみであり，価格決定権は無く，また，コンテンツサービスを行うプラットフォームを提供するのみであるため，当該サービスについて，お客さまに移転される前に，当社がサービスを支配しておりません。そのため，当社は仲介業者または代理人として位置付けられることから，純額で表示しております。

これらの取引の対価は，履行義務の充足後，概ね1ヶ月から3ヶ月以内に受領しております。

(4) ソリューションサービス

ソリューションサービスにおける収益は，主に機器販売サービス，エンジニアリングサービス，マネージメントサービスからなります（以下「ソリューションサービス収入」）。ソリューションサービス収入は，履行義務が充足されるお客さまに納品もしくはサービスを提供した時点で，お客さまから受け取る対価に基づき収益を認識しております。

これらの取引の対価は，請求日から概ね翌月までに受領しております。

(5) グローバルサービス

グローバルサービスは主にソリューションサービス及び携帯電話サービスから構成されております。

携帯電話サービスにおける収益は，携帯端末収入及びモバイル通信サービス収入からなります。携帯端末収入は，携帯端末販売時に，モバイル通信サービス収入は，お客さまにサービスを提供した時点で，履行義務が充足されたと判断し，収益として認識しております。

6. その他財務諸表作成のための基本となる重要な事項
繰延資産の処理方法

社債発行費

支出時に全額費用処理しております。

（表示方法の変更）

前事業年度において「営業外収益」の「雑収入」に含めていた「補助金収入」は，金額的重要性が増したため，当事業年度より区分掲記しております。この表示方法の変更を反映させるため，前事業年度の財務諸表の組替えを行っております。

この結果，前事業年度の損益計算書において，「営業外収益」の「雑収入」に含めていた2,682百万円は，「補助金収入」として組み替えております。

（重要な会計上の見積り）

(1) 当事業年度の財務諸表に計上した金額

	前事業年度 （2022年3月31日）	当事業年度 （2023年3月31日）
関係会社株式	1,185,093	1,170,883

(2) その他の情報

市場価格のない関係会社株式は，取得価額と実質価額とを比較し，関係会社株式の発行会社の財政状態の悪化により株式の実質価額が50％程度以上低下した場合に，実質価額が著しく低下したと判断し，おおむね5年以内の回復可能性が十分な証拠によって裏付けられる場合を除き関係会社株式評価損を計上してお

ります。

　実質価額に超過収益力を加味する場合には，将来の事業環境について合理的に予測可能な範囲で最善の見積りを行い，経営者によって承認された事業計画に基づき，超過収益力の減少に基づく実質価額の著しい低下の有無を判断しております。なお，当社は，実質価額を将来キャッシュ・フローを現在価値に割引いて算出しており，異なるタイプの収益予想とそれに対する売上原価，販売費及び一般管理費等のコストの変動予想にもとづいた事業計画，成長率，及び税引前割引率を，重要な仮定として設定しております。

　実質価額の算定に使用した重要な仮定が変更された場合に関係会社株式評価損が発生するリスクがありますが，当社において，事業計画，成長率及び割引率が合理的な範囲で変化したとしても，重要な関係会社株式評価損が発生する可能性は低いと判断しております。

（追加情報）
（従業員等に信託を通じて自社の株式を交付する取引について）
（1）　取引の概要 ···
　「第5　経理の状況　1.連結財務諸表等　（1）連結財務諸表　連結財務諸表注記　21．株式に基づく報酬（株式付与制度）」に記載しております。
（2）　信託に残存する自社の株式 ····································
　役員報酬BIP信託及び株式付与ESOP信託の会計処理については，「従業員等に信託を通じて自社の株式を交付する取引に関する実務上の取扱い（実務対応報告第30号　2015年3月26日）を適用し，信託に残存する当社株式を信託における帳簿価額（「付随費用」の金額を除く）により，純資産の自己株式として計上しております。

　当該自己株式の帳簿価額及び株式数は，前事業年度末では12,011百万円及び3,920,592株，当事業年度末では4,852百万円及び1,319,384株です。また，期中平均株式数は，前事業年度では3,957,154株，当事業年度では1,906,409株です。当該自己株式は1株当たり情報の算定上，控除する自己株式に含めております。

なお，当社は2022年7月末をもって株式付与ESOP信託制度を終了しております。

（新型コロナウイルス感染症の影響について）
　前事業年度末においては，新型コロナウイルス感染症による影響は，少なくとも2022年度を通して影響を及ぼすとの仮定をおいておりました。当期の財務諸表の作成にあたって，新型コロナウイルス感染症による翌事業年度以降の影響は軽微との仮定を置いて，会計上の見積りを行っております。ただし，今後の状況の変化によって判断を見直した結果，翌事業年度以降の財務諸表において重要な影響を与える可能性があります。

第2章

情報通信・IT業界の "今"を知ろう

企業の募集情報は手に入れた。しかし，それだけでは
まだ不十分。企業単位ではなく，業界全体を俯瞰する
視点は，面接などでもよく問われる重要ポイントだ。
この章では直近1年間の運輸業界を象徴する重大
ニュースをまとめるとともに，今後の展望について言
及している。また，章末には運輸業界における有名企
業（一部抜粋）のリストも記載してあるので，今後の就
職活動の参考にしてほしい。

情報通信・IT 業界の動向

▶▶人をつなぐ，世界をつなぐ

> 「情報通信・IT」は，情報通信や情報技術に関わる業界である。時代は「パソコン」から，スマートフォン，タブレット端末といった「モバイル」へとシフトしている。

❖ IT情報サービスの動向

　情報技術（IT）の適用範囲は，さまざまな企業や職種，そして個人へと加速度的に広がっている。2022年の国内IT市場規模は，前年比3.3％増の6兆734億円となった。ITサービス事業者の業務にリモートワークが定着し，停滞していた商談やプロジェクト，サービス提供が回復したことが要因と見られる。

　引き続きスマートフォンが市場を牽引しているが，今後，海外市場での需要の高まりなどを背景に，設備投資を拡大する組立製造，電力自由化において競争力強化を行う電力／ガス事業，eコマース（EC）がSNSを中心とした新たなチャネルへ移行している情報サービスなどで，高い成長率が期待される。

　また，クラウド化やテレワーク対応などのデジタルトランスフォーメーション（DX）需要がコロナ禍において急増，コロナ後も需要は継続している。

●グローバルな再編が進むIT企業

　新しいツールを駆使したビジネスにおいて，進化の早い技術に対応し，標準的なプラットフォームを構築するためにも，グローバル化は避けて通れない道である。2016年，世界第3位のコンピューターメーカーの米Dellが，ストレージ（外部記憶装置）最大手のEMCを約8兆円で買収した。この巨大買収によって誕生した新生Dellは，仮想化ソフト，情報セキュリティ，クラウド管理サービスなど事業領域を大幅に拡大する。国内企業では，システム構築で業界トップのNTTデータが，2016年3月にDellのITサービ

ス部門を買収した。買収額は約3500億円で，NTTグループでは過去3番目の大型買収である。NTTデータは，2000年代後半から国内市場の成長鈍化を見据えて，欧米を中心にM＆Aを展開してきた。過去12年間で約6000億円を投じ，50社以上を買収したことで，2006年3月期に95億円だった海外売上高は2018年3月期には9080億となっている。同期の全売上高は2兆1171億円で，半分近くを海外での売上が占めている。また，NTTグループは2016年から，産業ロボット大手のファナックとも協業を開始している。ファナックは，製造業のIoT（Internet of Things ＝すべてのもののインターネット化）を実現するためのシステム開発を進めており，この運用開始に向けて，ビジネスの拡大をともに目指している。

ソフトバンクグループもまた，2016年に約3.3兆円で，英半導体設計大手のARMを買収した。日本企業による海外企業買収では，過去最大の規模となる。ARMは，組み込み機器やスマートフォン向けCPUの設計で豊富な実績を持つ企業であり，この買収の狙いも「IoT」にある。あらゆるものをインターネットに接続するためには，携帯電話がスマホになったように，モノ自体をコンピューター化する必要がある。近い将来，IoTが普及すれば，ARM系のCPUがあらゆるものに搭載される可能性につながっていく。

●IoT，ビッグデータ，AI ── デジタル変革の波

IT企業のグローバル化とともに，近年注目を集めているのが「デジタルトランスフォーメーション（デジタル変革）」である。あらゆる情報がIoTで集積され，ビッグデータやAI（人工知能）を駆使して新たな需要を見出し，それに応える革新的なビジネスモデルが次々と登場している。

2022年から2023年にかけて話題をさらったのは，米オープンAI社による「チャットGPT」だった。AIによる自然で高度な会話に大きな注目が集まった。米マイクロソフトは2023年1月にオープンAIへの1兆円規模の追加融資を発表。チャットGPTを組み込んだ検索や文章作成などの新サービスを次々と発表した。

生成AIは従来のAIに比べて性能が飛躍的に向上。前出の文章作成に加え，プログラミングやAIアートなど，その用途は多岐にわたる。今後は生成AIを活用した業務・サービス改善にも注目が集まる。

●サービスのトレンドは，シェアリングエコノミー

シェアリングエコノミーとは，インターネットを通じて個人や企業が保有

している使っていない資産の貸し出しを仲介するサービスのこと。たとえば，自動車を複数人で利用する（ライドシェア），空き家や駐車場，オフィスを有効活用する（スペースシェア）などがある。

　米国のウーバーが提供しているのは「自動車を利用したい人」と「自動車を所有していて空き時間のある人」をマッチングする配車・カーシェアリングサービス。サービスはアプリに集約されており，GPSで利用者の位置情報を把握して，配車する。車の到着時間といった情報もスマートフォンを通して的確に伝えられる。ウーバーには，2017年にソフトバンクが出資しており，2018年10月にはソフトバンクとトヨタ自動車が新しいモビリティサービスの構築に向けた提携で合意，新会社も設立した。国内のライドシェアサービスには，オリックス自動車や三井不動産レアルティなど，駐車場やレンタカー事業を運営していた大手企業も参入している。

　スペースシェアとしては，家の有効活用として，民泊サービスで有名なエアービー・アンド・ビーがある。このほかにも，駐車場のシェアサービスが，パーク24といった駐車場大手企業も参加して始まっている。また，フリマアプリの「メルカリ」やヤフーオークションも，不要物の再活用という意味でモノのシェアといえる。モノをシェア／再活用するニーズは，若者を中心に広がっており，小売大手の丸井グループがブランドバッグのシェアサービス「Laxus」と事業提携するなど，今後，成長が期待できる分野といえる。

❖ 通信サービスの動向

　携帯通信業界は，自前の回線を有するNTTドコモ，KDDI（au），ソフトバンクの3社（キャリア）を中心に伸びてきた。総務省によれば，日本の携帯電話の契約数は2022年3月の時点で2億302万件となっている。スマホの普及により，高齢者や10代の利用者が増加しており，市場としては，引き続き右肩上がりの成長となっている。しかし，その一方で，たとえばソフトバンク全体の事業において，国内の固定・携帯電話で構成される国内通信事業の売上高は，すでに4割を割っている。NTTグループでも，NTTデータとNTT都市開発の売上高が，全体の2割にまで伸びており，ITサービスカンパニーとして軸足を海外事業に移している。KDDIもまた，住友商事と共にモンゴルやミャンマーで携帯事業に参入してトップシェアを獲得す

るなど，海外進出を拡大させている。国内の通信事業は成熟期を迎えており，今後，契約件数の伸びが期待できないなか，大手3社は新たな収益の実現に向けて，事業領域を拡大する段階に入っている。

●楽天モバイル「0円プラン」廃止で競争激化

　総務省は，2016年よりNTTドコモ，KDDI（au），ソフトバンクの携帯大手に対して，高止まりしているサービス料金の引き下げを目的に，スマートフォンの「実質0円販売」の禁止など，さまざまな指導を行ってきた。2019年10月施行の改正電気通信事業法では，通信契約を条件とする2万円以上の端末値引きが禁じられるとともに，途中解約への違約金上限も大幅に下げられた。

　なかでも有効な政策となっているのが，格安スマホ業者（MVNO）への支援である。MVNOは，通信インフラを持つ大手3社の回線を借りて，通信や通話サービスを提供する事業者のこと。総務省の後押しなどもあり，MVNOの事業者数は2019年3月の時点で1000社を超えた。また，利用者も着実に増えており，調査会社MM総研によると，格安スマホの契約回線数は，2020年3月末には1500万件を超えた。

　モバイル市場全体に占める割合を順調に伸ばしてきたMVNOだが，ここにきてやや苦戦が見られる。大手キャリアが投入する格安プランの好調により，割安感の低下が響いたことが原因に挙げられる。話題となった「0円プラン」が廃止となり，顧客離れの影響を大きく受けた楽天モバイルは，KDDI回線のデータ使用量を無制限にした「Rakuten 最強プラン」を2023年6月に開始したが，巻き返しには至っていない。

●IoTへの対応を見据えた5G

　技術面で注目を集めているのが，2020年に商用化された次世代通信規格の5Gである。5Gは，現行の4Gに比べ，大容量，同時多接続，低遅延・高信頼性，省電力・低コストといった特徴がある。IoTの普及に必須のインフラ技術とされており，これまでの通信規格に求められてきたものに加え，将来期待されるさまざまなサービスへの対応も求められている。低遅延化・高信頼性については，たとえば，自動車の自動運転のような安全・確実性が求められるサービスにおいては必須の要件となる。また，同時多接続は，今後，携帯電話だけでなく，IoTで接続される機器の爆発的な増加が予想されることから，4Gの100倍の接続数が求められている。

キャリア各社はすでに，コンテンツサービスの拡充，ロボットの遠隔操作，自動運転などの実証実験を進めている。MVNOに対して，スマートフォン向け回線サービスは提供されたとしても，すべてのサービスが対象となるかは不透明といえる。5Gの普及によって，キャリアの携帯ゆえに享受できるサービスが大きく進化すれば，料金の安さでMVNOを選択している利用者の判断にも影響が出る可能性もある。

❖ eコマース（EC）市場の動向

インターネットを通じて商品やサービスを売買する「eコマース」（EC）は順調に拡大しており，経済産業省の発表では，2021年の消費者向け（BtoC）電子商取引の市場規模は20兆6950億円となった。

市場を牽引してきたのは，楽天とアマゾン，そして，YahooやZOZOを傘下に抱えるZホールディングスである。楽天やZホールディングスは企業や個人の出品者に売り場を提供する「モール型」，アマゾンは自社で商品を仕入れる「直販型」が主流だったが，近年はアマゾンも「モール型」のビジネスを取り入れている。また，会費制の「アマゾン プライム」では，映画や音楽の無料視聴，写真データの保存など，多くのサービスを展開している。2017年4月からは生鮮食品を扱う「アマゾン フレッシュ」を開始，ネットスーパー業界にも進出した。楽天は米ウォルマートと業務提携し，ネットスーパーを開始するほか，朝日火災海上保険（楽天損害保険）や仮想通貨交換業のみんなのビットコインを買収するなど，通販以外の分野にも投資を続けている。Zホールディングスは21年3月には　LINEを経営統合。両者の顧客基盤を掛け合わせた新たなサービスを模索し，国内首位を目指している。

コロナ禍の巣篭もり特需で，3社とも売上を大きく伸ばした。利用習慣の定着化により，中小企業や個人の販売も拡大している。

●フリマアプリの躍進と越境ECの伸長

フリマアプリでは「メルカリ」が国内で強さを誇る。メルカリは，個人間（CtoC）による物品売買を行うスマホアプリとして，2013年7月に国内サービスを開始した。誰でも簡単にスマホで売りたいものを撮影して，マーケットプレイスに出品できる手軽さと，個人情報を知られずに取引を完了できるといったきめ細かいサービスが爆発的人気の背景にある。しかし，新型

コロナウイルスによる巣ごもり特需が終了し，EC市場に逆風が吹いたこともあり，やや伸び悩みが見られる。2022年の6月期決算では売上高は1470億円と前年比38.6％増となったが，営業利益はマイナス37億と赤字決算になってしまった。

「越境EC」といわれる海外向けのネット通販も，市場を拡大している。中国ではモバイル端末の普及が進み，中国インターネット情報センター（CNNIC）の発表では2020年6月時点でネット利用者は9億人とされている。2019年の中国国内EC売上高は約204兆円に達し，越境ECも10兆円を超えている。2014年に，中国最大のECサイト・アリババが海外業者向けの「天猫国際」を開設した。現在，メーカーから流通，小売まで，多くの日本企業が出店し，大きな成果を上げている。にサービスを開始し，2016年，2017年には中国における越境ECのトップシェアを獲得している。同社は，2017年には日本支社も設立，認知拡大，商品の仕入れ活動を本格化させている。経済産業省によると，2017年度の中国人による越境ECを通じた日本からの購入金額は1兆2978億円だった。日本の事業者にとって，越境ECの利用は，海外に直接出店するリスクがなく，マーケットは広がり，初期投資を抑えながら海外進出を狙えるメリットがある。

情報通信・IT業界

直近の業界各社の関連ニュースを
ななめ読みしておこう。

Google、生成AIで企業需要開拓　Microsoftに対抗

米グーグルが文章や画像を自動で作る生成AI（人工知能）で企業需要の開拓に本腰を入れる。生成AIを組み込んだサービスを開発するための基盤を整え、コストを左右する半導体の自社開発も強化する。企業向けで先行する米マイクロソフトに対抗し、早期の投資回収につなげる。

グーグルのクラウドコンピューティング部門で最高経営責任者（CEO）を務めるトーマス・クリアン氏が日本経済新聞の取材に応じた。同氏は「経済が不安定で一部の企業がIT（情報技術）投資を減速させる一方、AIを使って業務を自動化するプロジェクトが増えてきた」と述べた。

同社はクラウド部門を通じて企業に生成AI関連のサービスを提供する。クリアン氏はサービス開発に使う大規模言語モデルなどの種類を増やし、企業が目的に応じて選べるようにすることが重要だと指摘した。自社開発に加え外部からも調達する方針で、米メタや米新興企業のアンソロピックと連携する。

半導体の調達や開発も強化する。AI向けの画像処理半導体（GPU）を得意とする米エヌビディアとの関係を強め、同社の最新モデル「GH200」を採用する。一方、自社開発も強化し、学習の効率を従来の2倍に高めた「TPU」の提供を始めた。クリアン氏は人材採用などにより開発体制をさらに強化する考えを示した。

グーグルは生成AIを使った米ハンバーガーチェーン大手、ウェンディーズの受注システムの開発を支援したほか、米ゼネラル・モーターズ（GM）と車載情報システムへの対話AIの組み込みで協力している。企業による利用を増やすため、「成果を上げやすいプロジェクトを一緒に選定し、コストなどの効果を測定しやすくする」（クリアン氏）としている。

大手企業に加えて、伸び代が大きい新興企業の取り込みにも力を入れる。クリアン氏は生成AI分野のユニコーン企業の70％、外部から資金提供を受けたAI

新興企業の50%が自社の顧客であると説明した。グーグルのサービスを使うと学習や推論の効率を2倍に高められるといい、「資金の制約が大きい新興勢の支持を受けている」と説明した。

生成AIの企業向けの提供では米オープンAIと資本・業務提携し、同社の技術を利用するマイクロソフトが先行した。同社のサティア・ナデラCEOは4月、「すでにクラウド経由で2500社が利用し、1年前の10倍に増えた」と説明している。グーグルも企業のニーズにきめ細かく応えることで追い上げる。

生成AIの開発と利用に欠かせない高性能のGPUは奪い合いとなっており、価格上昇も著しい。この分野で世界で約8割のシェアを握るエヌビディアの2023年5〜7月期決算は売上高が前年同期比2倍、純利益が9倍に拡大した。生成AI開発企業にとっては先行投資の負担が高まる一方で、株式市場では「投資回収の道筋が明確ではない」といった声もある。グーグルやマイクロソフトなどのIT大手にも早期の収益化を求める圧力が強まっており、安定した取引が見込める企業需要の開拓が課題となっている。

各社が生成AIの投資回収の手段として位置付けるクラウド分野では、世界シェア首位の米アマゾン・ドット・コムをマイクロソフトが追い上げている。グーグルは3番手が定着しているが、クリアン氏は「（生成AIで業界構図が）変わる。将来を楽観している」と述べた。長年にわたって世界のAI研究をリードしてきた強みを生かし、存在感を高める考えだ。

（2023年9月3日　日本経済新聞）

Apple、日本拠点40周年　アプリ経済圏460億ドルに

米アップルは8日、アプリ配信サービス「アップストア」経由で提供された日本の商品やサービスの売上高が2022年に計460億ドル（約6兆5500億円）にのぼったと発表した。今年6月に拠点設立から丸40年を迎えた日本で、アップルの存在感は大きい。一方で規制強化の動きなど逆風もある。

ティム・クック最高経営責任者（CEO）は「我々は日本のものづくりの匠（たくみ）の技とデザインが持つ付加価値などについて話し合っている。記念すべき40周年を共に祝えて誇りに思う」とコメントを出した。日本の「アプリ経済圏」の460億ドルのうち、小規模な開発業者の売り上げは20〜22年に32%増えたという。

1976年に故スティーブ・ジョブズ氏らが創業したアップル。7年後の83年6

月に日本法人を設けた。それまでは東レなどがパソコン「アップル2」の販売代理店を担い、日本法人の立ち上げ後も一時はキヤノン系が販売を請け負った。2003年には海外初の直営店を東京・銀座に開店し、今は福岡市や京都市などに10店舗を構える。

もともとジョブズ氏は禅宗に通じ、京都を好むなど日本に明るいことで知られた。ソニーを尊敬し、創業者の盛田昭夫氏が死去した1999年のイベントでは盛田氏の写真をスクリーンに映して「新製品を彼に喜んでほしい」と追悼の意を表した。

01年に携帯音楽プレーヤー「iPod」を発売すると、「ウォークマン」やCDの規格で主導していたソニーから音楽業界の主役の座を奪った。日本の家電メーカーにとっては驚異的な存在だったとも言える。

アップルから見ると、日本は製造・販売両面で重要拠点だ。主力スマートフォン「iPhone」で国内の電子部品市場は拡大し、1000社近い巨大なサプライチェーン（供給網）を築いた。「アプリ関連やサプライヤーで100万人を超える日本の雇用を支えている。過去5年間で日本のサプライヤーに1000億ドル以上を支出した」と説明する。

販売面では一人勝ち状態が続く。調査会社MM総研（東京・港）によると、22年のスマホの国内シェアはアップルが約49％と半分に迫り、携帯電話シェアで12年から11年連続で首位に立つ。タブレットのシェアも約50％、スマートウオッチも約60％にのぼる。

「爆発的に普及するとは全く思わなかった」。ジョブズ氏と縁のあった孫正義氏が率いていたソフトバンクが「iPhone3G」を独占販売する際、他の通信大手幹部は「冷ややかな目で見ていた」と振り返る。だが、iPhone人気でソフトバンクは新規顧客を集め、通信業界の勢力図を塗り替えた。11年にはKDDI、13年にNTTドコモが追随し、後に政府から批判される値引き競争や複雑な料金プランにつながっていく。

日本の存在感の大きさはアップルの決算発表にも表れる。資料では毎回、米州、欧州、中華圏、日本、その他アジア太平洋地域という5つの地域別売上高を開示する。単体の国として分けているのは日本だけで、米テクノロジー大手では珍しい。

最近は陰りも見える。足元の日本の売上高は前年同期比11％減で、売上高全体における比率は6％にとどまった。円安や値引き販売の抑制などが理由だが、アップル関係者からは「製造も販売も我々は既にインドを見ている」という声も上がる。

アプリ経済圏の先行きも不透明だ。政府のデジタル市場競争会議は６月、他社が運営する代替アプリストアをアップルが受け入れるよう義務付けるべきだと指摘した。販売減少や規制強化といった逆風を越えられるか——。次の40年に向けた新たな施策が求められる。

（2023年８月８日　日本経済新聞）

初任給、建設・ITで大幅増　若手確保に企業奔走

初任給を大幅に引き上げる企業が相次いでいる。2023年度の初任給伸び率ランキングをみると建設や運輸業界、情報ソフト、通信業界での引き上げが目立つ。新型コロナウイルス禍から経済活動が正常化に進む中、若手確保に動く企業が多いようだ。

日本経済新聞社が実施した23年度の採用計画調査をもとに大卒初任給の前年度比伸び率ランキングを作成。調査は４月４日までに主要企業2308社から回答を得た。

首位は商業施設の設計・施工などを手掛けるラックランドで30.7％増の26万6600円だった。初任給の引き上げは16年ぶりだ。加えて入社４年目まで基本給を底上げするベースアップ（ベア）を毎年３％実施する。施工管理者から営業、設計、メンテナンスまで幅広い人材獲得を目指す。

背景にあるのが年々増す採用の厳しさだ。人事担当者は「22年度は内定辞退が増え採用目標数を割った」と言う。引き上げ後の初任給は全業界平均22万8471円を大きく上回った。６月に解禁した24年卒の採用活動では社長面談の時期を早めるなど学生の獲得策を強化しており、「内定承諾のペースは昨年と比べると速い」という。

石油精製・販売の三愛オブリも大卒初任給を24.9％引き上げ26万円とした。同社は23年度に手当の一部を基本給に組み入れる賃金制度の改定で全社員の基本給が大幅増となった。空港の給油施設運営などを手掛けるなかで空港内作業者の初任給も同水準で引き上げており「採用に弾みをつけたい」とする。

航海士など特殊な技術や知識を要する人材も奪い合いだ。業種別の初任給伸び率ランキングで首位だった海運は業界全体で6.7％増と大幅に伸ばした。なかでもNSユナイテッド海運は大卒初任給で21.1％増の26万3700円。２年連続で初任給を引き上げた。

ゲームなどを含む情報ソフトや金融関連、通信業界なども初任給引き上げが顕

著だ。IT（情報技術）エンジニア確保が目的だ。実際、企業ランキング２位は
スクウェア・エニックス・ホールディングス。全社員の給与も平均10％引き
上げており、「物価高騰に加え新たに優秀な人材の獲得強化を見込む」とする。
実はゲーム業界に初任給引き上げドミノが起きている。バンダイナムコエン
ターテインメントは22年度に大卒初任給を前年度比25％上げて29万円とし
た。カプコンなども22年度に実施。23年度にはスクウェア・エニックスに加
え任天堂が１割増の25万6000円とした。中堅ゲーム会社幹部は「（優秀な人
材の）つなぎ留めのために賃上げをしないと、他社に流出してしまう」と危機
感を隠さない。

金融も初任給の引き上げが目立った。三井住友銀行は初任給を16年ぶりに引
き上げ、大卒で24.4％増の25万5000円とした。スマホ金融などの強化に
必要なデジタル人材はあらゆる業界で奪い合いになっている。

三井住友銀に続き、みずほフィナンシャルグループは24年に５万5000円、
三菱ＵＦＪ銀行も同年に５万円、それぞれ初任給を引き上げることを決めている。
ネット専業銀行や地方銀行も相次ぎ初任給引き上げに走っている。

一方、初任給の伸びが低かったのが鉄鋼業界。前年比ほぼ横ばいだった。初任
給は春季労使交渉で決まる場合が多く、鉄鋼大手は効率化などを目的に交渉を
２年に１度としている。23年は労使交渉がなかったことが影響したとみられる。
倉庫・運輸関連は前年比0.9％増、水産や自動車・部品が１％増となった。例
年に比べれば高い賃上げ率だが、各業界とも初任給の全体平均額を下回ってい
る。

過去にも人手不足感が高まると、初任給を引き上げる傾向が強まった。しかし
23年は企業の焦りが感じられる。初任給伸び率が2.2％増となり、10年以降
で最大の伸び率となっているのだ。24年度以降の持続性もカギとなりそうだ。
法政大学の山田久教授は「全体の賃金上昇傾向が続くかは経済の情勢次第で不
透明感が残るが、初任給引き上げ競争は今後も続くだろう」とみる。少子高齢
化で若年労働人口が減る中、企業はIT人材から現場労働者まで若手の採用力
強化が必須となっている。　　　　　　　　　（2023年６月18日　日本経済新聞）

NVIDIAとTSMC、生成AIに専用半導体　年内投入へ

半導体設計大手の米エヌビディアと半導体受託生産首位の台湾積体電路製造
（TSMC）が、生成AI向けの専用半導体を年内に投入する。AIが回答を導き出

す過程の速度を前世代品に比べて最大12倍にする。半導体は「新型コロナウイルス特需」の反動で市況が悪化するなか、米台の2強が次の成長分野でリードを固める。

「（AI向け半導体の）需要は非常に強い。サプライチェーン（供給網）のパートナーとともに増産を急いでいる」

エヌビディアのジェンスン・ファン最高経営責任者（CEO）は30日、台北市内で記者会見し、生成AI向け市場の成長性を強調した。台湾出身のファン氏は同日開幕したIT（情報技術）見本市「台北国際電脳展」（コンピューテックス台北）に合わせて訪台した。

エヌビディアはAI分野で広く使われる画像処理半導体（GPU）を手掛け、AI向け半導体で世界シェア8割を握る。「Chat（チャット）GPT」に代表される対話型の生成AIの急速な進化を受け、AIのデータ処理に特化した専用半導体を年内に投入する。

エヌビディアが設計した半導体をTSMCが量産する。AIが質問への回答を導き出す「推論」のスピードを前世代品に比べて最大12倍に速める。

生成AIサービスの多くは、データセンターのサーバー上で開発・運用されている。GPUは膨大なデータをAIに学ばせて回答の精度を上げていく「学習」と、利用者から質問などを受けてAIが答えを導く「推論」の両方に使われる。

特にエヌビディアのGPUは「（AI用途への）最適化が進んでおり、大きな先行者優位がある」（台湾調査会社トレンドフォースの曾伯楷アナリスト）。

チャットGPTを開発した米新興オープンAIは、サービス開発に約1万個のGPUを用いているとされる。トレンドフォースは技術の高度化に伴い、今後は一つのサービスを開発・運用するのに3万個以上のGPUが必要になると予測する。

ゲームや動画編集に使われる一般的なGPUは市販価格が1個10万円以下のものもあるが、AI向け高性能GPUは100万円を優に超える。需要が伸びれば市場全体へのインパクトも大きい。

独調査会社スタティスタは、生成AIがけん引するAI向け半導体の市場規模が、2028年に21年比で12倍の1278億ドル（約18兆円）に急拡大すると予測する。半導体市場全体が22年時点で80兆円規模だったのと比べても存在感は大きい。

エヌビディアを支えるのは、半導体の量産技術で世界トップを走るTSMCだ。新たに投入する生成AI向け半導体を含め、AI向け高性能GPUを独占的に生産する。

両社の関係は1990年代半ばに遡る。創業間もないエヌビディアは、生産委託先の確保に苦しんでいた。台湾出身のファンCEOが頼ったのは当時、半導体受託生産で躍進しつつあったTSMC創業者の張忠謀（モリス・チャン）氏だった。

張氏が電話で直接交渉に応じ、両社の取引がスタートしたという。以後30年近くにわたり、TSMCはゲームからパソコン、AI向けに至る幅広い製品を供給してきた。

近年はAI向け半導体の性能向上の鍵を握る「パッケージング技術」の開発で関係を深めている。異なる機能を持つ複数の半導体を一つのパッケージに収め、効率よく連動させる技術だ。

エヌビディアは2010年代中盤にいち早く同技術をGPUに採用。量産技術を開発するTSMCと二人三脚で、性能向上を実現してきた。

生成AI向け半導体の開発競争は激化が見込まれる。米グーグルや米アマゾン・ドット・コムといったIT大手が、独自に半導体の設計に乗り出している。両社ともエヌビディアの大口顧客だが、自前の半導体開発によってサービスの差別化やコスト低減を狙う。

そのIT大手も半導体の生産は外部委託に頼らざるを得ない。エヌビディアとTSMCの緊密な関係は、今後の競争で有利に働く可能性がある。

20年～22年前半にかけて好調が続いた世界の半導体市場は、足元で厳しい状況にある。コロナ特需の反動でパソコンやスマホ、ゲーム機などの販売が落ち込み、全体的な市況の回復は24年になるとの見方が強い。TSMCは23年12月期通期に前の期比で減収（米ドルベース）を見込む。

生成AIはスマホなどに代わる半導体市場のけん引役となることが期待される。TSMCの魏哲家CEOは4月中旬の記者会見で「AI向けの需要は強く、業績成長の原動力となる」と強調した。

ファン氏も30日の記者会見で「我々は間違いなく、生成AIの新時代の始まりにいる」と述べ、業界が大きな成長局面に入りつつあると指摘した。生成AIの進化を支える製品を供給できるかが、市場全体の成長を左右する。

（2023年5月30日　日本経済新聞）

5G網整備へ技術者争奪　携帯電話大手4社、14%増員

高速通信網を整備する技術者の争奪が激しい。携帯大手4社は2022年3月

末に技術者を前年同期比14％増やした。転職者の平均年収も新型コロナウイルス禍のときと比較して2割上昇した。足元ではIT（情報技術）・通信エンジニアの転職求人倍率は全体を大きく上回っている。

高速通信規格「5G」の利用区域を広げるため需要は高まる。通信基盤を支える人材の不足が続けば日本のデジタル化に響きかねない。

総務省の調査によると、携帯大手4社の無線従事者や保守などの技術者数は22年3月末時点で計3万5400人だった。

企業ごとに定義の異なる部分はあるものの、前年同期比の伸び率は楽天モバイルが最大の34％増の3500人。次いでソフトバンクが28％増の1万800人、NTTドコモが7％増の1万2100人、KDDIが5％増の8800人と続いた。

5Gの通信速度は4Gの最大100倍で遅延したときの影響は10分の1に低下するとされる。スマートシティーや自動運転、工場機器の遠隔制御などに生かせば、新たなビジネスにつながる。

30年ごろには次世代の6Gへの移行が始まる見込みだが、技術革新とともに複雑なネットワーク構築を求められる。

ソフトバンクの担当者は「災害対策に加えて、5G基地局の整備のために技術者を増やしている」と説明する。KDDIも基地局の保守・運用に関わる技術者の需要は引き続き大きいとみる。

新型コロナで社会のデジタル化の要請が高まり、通信業界の技術者不足は厳しさを増す。KDDIなどで大規模な通信障害が相次いだことも通信網の重要性を意識させた。

人材サービス大手のエン・ジャパンによると、エンジニアが転職した際の22年の平均年収は新型コロナで底となった20年比19％増の519万円だった。

同社で通信業界を担当する星野玲氏は「通信業界は人材獲得が難しい。売り手市場で適正水準を上回る年収を示す事例が多い」と話す。従来は700万円程度が上限だったが、いまは900万円ほどに上がっているという。

携帯大手が求めるネットワーク技術者の22年の求人数は20年より45％増えた。パーソルキャリアの転職サービスのdoda（デューダ）によると、足元の23年2月のIT・通信エンジニアの転職求人倍率は10.19倍で、全体の2.15倍を上回った。

問題はこうした需要をまかなうだけの人材がいないことだ。経済産業省は30年に国内で最大79万人のIT人材が不足すると予測する。

政府は電力・ガス、道路、鉄道などのインフラ点検で規制を緩和し、ドローンや人工知能（AI）の導入を促す。通信でも保守・運用を自動化すれば余剰人員

を競争分野に振り向けることができる。

稲田修一早大教授は「通信業界は他分野に比べて省人化が進んでいるとは言えない」として改善が不可欠だと指摘する。

総務省によると、5Gの全国人口カバー率は22年3月末時点で93％とまだ行き渡っていない。新型コロナで露呈したデジタル化の遅れを取り戻すためにも、5G網づくりを急ぐ必要がある。

（2023年4月19日　日本経済新聞）

IT業界特化のSNSアプリ　HonneWorks

企業の平均年収をまとめたウェブサイトを運営するHonneWorks（ホンネワークス、神奈川県茅ケ崎市）は、IT（情報技術）業界で働く会社員向けに特化したSNS（交流サイト）アプリの提供を始める。利用者は匿名で参加できるが、ホンネワークスが職場のメールアドレスから勤務先を確認する点が特徴。信頼度の高い情報の交換につなげ、転職希望者に役立ててもらう。事業拡大に備え、ベンチャーキャピタル（VC）のゼロイチキャピタルなどからJ-KISS型新株予約権方式で約3000万円を調達した。

（2023年3月7日　日本経済新聞）

ITエンジニア、転職年収2割増　製造業や金融で引き合い

IT（情報技術）エンジニアについて、製造業や金融など非IT系の事業会社に転職した際の年収の上昇が目立つ。2022年までの2年間で2割上がり、エンジニア全体の平均を上回った。デジタルトランスフォーメーション（DX）化などを背景に、社内のシステム構築などの業務が増えた。IT業界以外の企業は、社内にITに詳しい人材が少ない。即戦力となる経験者を中心に高い年収を提示し獲得を急いでいる。

東京都在住の30代男性は、22年12月にITシステムの開発企業から鋼材系メーカーの社内システムエンジニア（SE）に転職した。自社のITインフラの整備をしている。転職で年収は50万円ほど上がった。

以前はクライアント先のシステム開発を担当していた。自社のシステムは利用者からの反応なども確認しやすく、やりがいを感じるという。

人材サービス大手のエン・ジャパンによると、同社の運営する人材紹介サービス「エン エージェント」を通じて決まったITエンジニアの転職のうち、非IT企業の初年度年収（転職決定時、中央値）は22年が516万円。ITエンジニア全体（511万円）を上回る。

上昇率も同様だ。非IT企業は新型コロナウイルスの感染が広がった20年に比べ95万円（22.6%）高い。ITエンジニア全体（21.4%）に比べ、伸びの勢いが目立つ。

背景にあるのが新型コロナ禍を契機とした、IT人材の不足だ。パーソルキャリア（東京・千代田）の転職サービスのdoda（デューダ）のまとめでは、22年12月のIT・通信エンジニアの中途採用求人倍率は12.09倍。全体（2.54倍）を大きく上回った。経済産業省は30年に日本で最大79万人のIT人材が不足すると予測する。

新型コロナの感染拡大で非IT系業種も含め、ビジネス現場のデジタル化が加速した。リモートでの就業環境を整えるだけでなく、経営の中にデジタル化をどう位置づけ推進するのかといった課題が生まれた。

既存システムの安定稼働やメンテナンスといったコロナ禍前からの業務に加え、リモート化や各種セキュリティー強化に取り組む人材が必要になった。

経営管理の観点からは、中長期のIT戦略投資の立案や社内の人材育成も求められるようになった。5年以上のIT実務の経験者や、経営を視野に入れITプロジェクトを進められるミドル層の需要が高まった。特に非IT系業種はこうした人材資源がIT企業に比べ薄く、中途採用を活用せざるを得ない。

dodaによると、22年10〜12月期のITエンジニアの新規求人のうち、年収が700万円以上の件数は35%だった。19年同期の19%から16ポイント増えた。大浦征也doda編集長は「事業会社は経験者を採用できなければ競合に後れを取るとの意識がある」としたうえで「採用基準を下げるのではなく、賃金を引き上げてでも人材を獲得しようという動きが強まった」とみる。

中途採用をいかしデジタル関連業務の内製化を進めることで、コストの削減も期待できる。クレディセゾンは19年にITエンジニアの中途採用を始め、20年以降も即戦力となる30〜40代を中心に獲得を進める。同社は「内製した案件の開発コストは外部依頼の場合と比べ、21〜22年度の累計で約6割削減できる見通し」と説明する。

（2023年2月8日　日本経済新聞）

現職者・退職者が語る 情報通信・IT業界の口コミ

※編集部に寄せられた情報を基に作成

▶ 労働環境

職種：代理店営業　　年齢・性別：20代後半・男性

- 以前は年功序列の風潮でしたが，今は実力主義になってきています。
- 会社への利益貢献ができ，上司の目に留まれば出世は早いでしょう。
- 自己PRが上手で，失敗・成功に関わらず原因分析できることが重要。
- 上司の目に留まらなければ，芽が出ないまま転職する人も。

職種：システムエンジニア　　年齢・性別：20代後半・男性

- 転勤が本当に多く，それは女性も例外ではありません。
- 入社時に「総合職は転勤があるが大丈夫か？」と確認されます。
- 3〜7年で異動になりますが，その都度転勤の可能性があります。
- 家庭を持っている人や家を持っている人は単身赴任になることも。

職種：法人営業　　年齢・性別：30代前半・男性

- 残業は月に20時間程度で，ワークライフバランスがとりやすいです。
- 休日出勤はほとんどなく，1年に数回あるかどうかです。
- 有給休暇はしっかりと取れるので，休暇の計画は立てやすいです。
- 子どもの各種行事に積極的に参加している人も周りに多くいます。

職種：営業アシスタント　　年齢・性別：20代前半・女性

- 全体的にかなり風通しの良い職場です。
- 飲み会や遊びの計画が多く，社員同士の仲はとても良いです。
- 社員の年齢層は比較的若めで，イベント好きな人が多い印象です。
- 東京本社の場合，ワンフロアになっており全体が見渡せる作りです。

▶福利厚生

職種：代理店営業　　年齢・性別：20代後半・男性

・ 独身のうちは社宅（寮）に入ることができます。
・ 社宅は多少年数が経っていますが，きれいな物が多いです。
・ 家賃もかなり安くて，住宅補助についてはかなり満足できます。
・ 住宅補助以外にも，保養施設や通勤補助は非常に充実しています。

職種：法人営業　　年齢・性別：20代前半・男性

・ 多くの企業のスポンサーのため，各種チケットをもらえたりします。
・ 某有名遊園地の割引券も手に入ります。
・ 住居手当，育児休暇など福利厚生全般はかなり充実しています。
・ 通常の健康診断以外にも人間ドックを無料で受けることができます。

職種：マーケティング　　年齢・性別：20代後半・男性

・ 各種福利厚生は充実しており，なかでも住宅補助は手厚いです。
・ 社宅は借り上げで月1～2万円で，家賃10万以上の物件に住めます。
・ 社宅住まいの場合，年収に換算すると年100万弱の手当となります。
・ 健康診断・人間ドック，フィットネスなども利用できます。

職種：ネットワーク設計・構築　　年齢・性別：30代後半・男性

・ 福利厚生は充実しており，有給休暇は2年目から年20日もらえます。
・ 夏季休暇は5日，年末年始は6日の休暇が付与されます。
・ 労働組合が強いため，サービス残業はなく，残業代は全額出ます。
・ 残業時間は，職場にもよりますが，月20～30時間程度かと思います。

▶仕事のやりがい

職種：営業マネージャー　　年齢・性別：40代後半・男性

・大規模な通信インフラの構築や保守に力を入れています。
・通信業界の技術進歩は目覚ましいものがあり，夢があります。
・数年後にどんなサービスができるか予想できない面白さがあります。
・人々の日常生活に欠かせないものに携われるやりがいがあります。

職種：販促企画・営業企画　　年齢・性別：20代後半・男性

・企画部門では若手でもやりがいのある大きな仕事を任されます。
・関わる部門や担当が多岐にわたる場合，調整が大変なことも。
・事務系社員は2〜3年毎にジョブローテーションがあります。
・常に自身のキャリアパスをしっかり考えておくことが重要です。

職種：法人営業　　年齢・性別：30代前半・男性

・やった分だけ成果としてあらわれるところが面白いです。
・チームプレイの難しさはありますが，勉強になることが多いです。
・自分個人で考える部分とチームで動くところのバランスが大切。
・お客様に革新的な製品を常に提案できるのは素晴らしいと思います。

職種：経営企画　　年齢・性別：20代前半・男性

・良くも悪くも完全に社長トップダウンの会社です。
・会社の成長度に関しては日本随一だと思います。
・日々学ぶことが多く，熱意をもって取り組めば得るものは大きいです。
・驚くぐらい優秀な人に出会えることがあり，非常に刺激になります。

▶ ブラック？ホワイト？

職種：ネットワークエンジニア　　年齢・性別：30代後半・男性

- 会社全体のコミュニケーションが弱く，情報共有がされにくいです。
- 会社のどこの部署が何を行っているかわかりません。
- 分野が違う情報は同期などのツテを頼って芋づる式に探す有様です。
- 製品不具合情報等の横展開もほとんどなく，非常に効率が悪いです。

職種：代理店営業　　年齢・性別：20代後半・男性

- 殿様商売と世間では言われていますが，まさにその通り。
- 過去の遺産を食いつぶしているような経営方針で不安になります。
- 消費者の声はほぼ届かず，上からの声だけ受け入れている感じです。
- 40代後半の上層部はかなりの保守派で，時代の流れに抗っています。

職種：プロジェクトリーダー　　年齢・性別：30代前半・男性

- 裁量労働制なので，残業代はありません。
- みなし労働時間は，月35時間残業相当の専門職手当が支払われますが，その範囲で業務が収まるわけがなく，長時間の残業が発生します。
- 残業前提のプロジェクト計画で黒字を目論む企業体質は健在です。

職種：システムエンジニア　　年齢・性別：20代後半・男性

- 裁量労働制が導入されてからは残業が常態化しています。
- 定時で帰ろうものなら「あれ？　何か用事？」と言われます。
- 以前は45時間以上残業する際は申請が必要なほどでしたが，裁量労働制導入後は残業が75時間を越えても何も言われません。

▶ 女性の働きやすさ

職種：代理店営業　　年齢・性別：30代前半・男性

- 女性の労働環境がかなり整っている会社だと思います。
- 出産時に一旦休み，復帰してくるケースは多いです。
- 復帰後も時間短縮勤務ができるため，退職する女性は少ないです。
- 会社側は女性の活用について，今後も更に取り組んでいくようです。

職種：システムエンジニア　　年齢・性別：20代前半・男性

- 住宅手当など，既婚者が働きやすい環境づくりに力を入れています。
- 産休・育休など社内の既婚者はほとんど活用されているようですが，
  実力主義という点はどうしてもあるので覚悟は必要です。
- 産休・育休で仕事ができなくなる人は，部署移動や給与にも影響。

職種：社内SE　　年齢・性別：20代後半・女性

- 産休，育休を使う人も多く，女性にはとても良い環境だと思います。
- 外部講師を招き，女性の環境向上のためのセミナーなどもあります。
- 会社として女性の待遇にとても力を入れているのを感じます。
- 年配の上司によっては，差別的な見方の方もまだ若干いますが。

職種：システムエンジニア　　年齢・性別：20代後半・女性

- 課長，部長，統括部長，事業部長に，それぞれ女性が就いています。
- 育児休暇制度が整っていて，復帰して働く女性が年々増えています。
- 時短勤務になるため男性に比べて出世は遅くなるようです。
- 子育てをしながら管理職に昇進できる環境は整っています。

▶今後の展望

職種：営業　　年齢・性別：30代前半・男性

・国内市場は飽和状態のため，海外へ行くしかないと思いますが，経営陣に難があるためグローバル進出は難しいかもしれません。
・アジアを中心に市場開拓していますが，先行きは不透明です。
・金融事業は好調のため，引き続き当社の主軸となるでしょう。

職種：サービス企画　　年齢・性別：20代後半・男性

・事業規模が非常に大きく，現在は非常に安定しています。
・国内に閉じた事業内容なので，今後の伸びしろは微妙かと。
・海外進出の計画もあるようですが，目立った動きはまだありません。
・業種的にグローバル展開の意義はあまりないのかもしれません。

職種：新規事業・事業開発　　年齢・性別：20代後半・男性

・携帯事業以外の新規事業を模索している段階です。
・OTTプレーヤーと言われる企業に勝るサービスの創出に難航中。
・今までの成功体験や仕事のやり方からの脱却がカギだと思います。
・グローバル化にも程遠く，海外志向の人にはオススメできません。

職種：営業　　年齢・性別：20代後半・男性

・安定した収益基盤があり，しばらくは安定して推移すると思います。
・通信をベースに，周辺の事業領域が拡大する余地もあると思います。
・今後は海外展開（特にアジア圏）を積極的に進めていくようです。
・日本市場が今後縮小していく中，海外展開は大きなカギになります。

情報通信・IT業界　国内企業リスト（一部抜粋）

会社名	本社住所
NECネッツエスアイ株式会社	文京区後楽2-6-1 飯田橋ファーストタワー
株式会社システナ	東京都港区海岸1丁目2番20号 汐留ビルディング14F
デジタルアーツ株式会社	東京都千代田区大手町1-5-1 大手町ファーストスクエア ウエストタワー14F
新日鉄住金ソリューションズ 株式会社	東京都中央区新川二丁目20-15
株式会社コア	東京都世田谷区三軒茶屋一丁目22番3号
株式会社ソフトクリエイト ホールディングス	東京都渋谷区渋谷2丁目15番1号 渋谷クロスタワー
ITホールディングス株式会社	東京都新宿区西新宿8-17-1 住友不動産新宿グランド タワー21F（総合受付14F）
ネオス株式会社	東京都千代田区神田須田町1-23-1 住友不動産神田ビル2号館10F
株式会社電算システム	岐阜県岐阜市日置江1丁目58番地
グリー株式会社	東京都港区六本木6-10-1 六本木ヒルズ森タワー
コーエーテクモ ホールディングス株式会社	神奈川県横浜市港北区箕輪町1丁目18番12号
株式会社三菱総合研究所	東京都千代田区永田町二丁目10番3号
株式会社ボルテージ	東京都渋谷区恵比寿4-20-3　恵比寿ガーデンプレイス タワー28階
株式会社 電算	長野県長野市鶴賀七瀬中町276-6
株式会社 ヒト・コミュニケーションズ	東京都豊島区東池袋1-9-6
株式会社ブレインパッド	東京都港区白金台3-2-10 白金台ビル
KLab株式会社	東京都港区六本木6-10-1 六本木ヒルズ森タワー
ポールトゥウィン・ピットクルー ホールディングス株式会社	東京都新宿区西新宿2-4-1　新宿NSビル11F
株式会社イーブック イニシアティブジャパン	東京都千代田区神田駿河台2-9 KDX御茶ノ水ビル7F
株式会社　ネクソン	東京都中央区新川二丁目3番1号
株式会社アイスタイル	東京都港区赤坂1-12-32号 アーク森ビル34階
株式会社 エムアップ	東京都渋谷区渋谷2-12-19 東建インターナショナルビル本館5階

会社名	本社住所
株式会社エイチーム	名古屋市西区牛島町 6 番 1 号 名古屋ルーセントタワー 36F
株式会社ブロードリーフ	東京都品川区東品川 4-13-14 グラスキューブ品川 8F
株式会社ハーツユナイテッドグループ	東京都港区六本木六丁目 10 番 1 号 六本木ヒルズ森タワー 34 階
株式会社ドワンゴ	東京都中央区銀座 4-12-15　歌舞伎座タワー
株式会社ベリサーブ	東京都新宿区西新宿 6-24-1 西新宿三井ビル 14 階
株式会社マクロミル	東京都港区港南 2-16-1 品川イーストワンタワー 11F
株式会社ティーガイア	東京都渋谷区恵比寿 4-1-18
株式会社豆蔵ホールディングス	東京都新宿区西新宿 2-1-1 新宿三井ビルディング 34 階
テクマトリックス株式会社	東京都港区高輪 4 丁目 10 番 8 号 京急第 7 ビル
GMO ペイメントゲートウェイ株式会社	東京都渋谷区道玄坂 1-14-6 渋谷ヒューマックスビル（受付 7 階）
株式会社ザッパラス	東京都渋谷区渋谷 2 丁目 12 番 19 号 東建インターナショナルビル
株式会社インターネットイニシアティブ	東京都千代田区神田神保町 1-105 神保町三井ビルディング
株式会社ビットアイル	東京都品川区東品川 2-5-5 HarborOne ビル 5F
株式会社 SRA ホールディングス	東京都豊島区南池袋 2-32-8
株式会社朝日ネット	東京都中央区銀座 4-12-15 歌舞伎座タワー 21 階
パナソニック インフォメーションシステムズ株式会社	大阪府大阪市北区茶屋町 19 番 19 号
株式会社フェイス	京都市中京区烏丸通御池下る虎屋町 566-1 井門明治安田生命ビル
株式会社野村総合研究所	東京都千代田区丸の内 1-6-5　丸の内北口ビル
サイバネットシステム株式会社	東京都千代田区神田練塀町 3 番地 富士ソフトビル
株式会社インテージホールディングス	東京都千代田区神田練塀町 3 番地 インテージ秋葉原ビル
ソースネクスト株式会社	東京都港区虎ノ門 3-8-21　虎ノ門 33 森ビル 6 階
株式会社クレスコ	東京都港区港南 2-15-1 品川インターシティ A 棟 25 階〜 27 階
株式会社フジ・メディア・ホールディングス	東京都港区台場二丁目 4 番 8 号
株式会社 オービック	東京都中央区京橋 2 丁目 4 番 15 号

会社名	本社住所
TDC ソフトウェア エンジニアリング株式会社	東京都渋谷区代々木 3-22-7 新宿文化クイントビル
ヤフー株式会社	東京都港区赤坂 9-7-1 ミッドタウン・タワー
トレンドマイクロ株式会社	東京都渋谷区代々木 2-1-1　新宿マインズタワー
日本オラクル株式会社	東京都港区北青山 2-5-8
株式会社アルファシステムズ	川崎市中原区上小田中 6 丁目 6 番 1 号
フューチャーアーキテクト 株式会社	東京都品川区大崎 1-2-2 アートヴィレッジ大崎セントラルタワー
株式会社シーエーシー	東京都中央区日本橋箱崎町 24 番 1 号
ソフトバンク・テクノロジー 株式会社	東京都新宿区西五軒町 13-1　飯田橋ビル 3 号館
株式会社トーセ	京都市下京区東洞院通四条下ル
株式会社オービックビジネス コンサルタント	東京都新宿区西新宿六丁目 8 番 1 号 住友不動産新宿オークタワー 32F
伊藤忠テクノソリューションズ 株式会社	東京都千代田区霞が関 3-2-5　霞が関ビル
株式会社アイティフォー	東京都千代田区一番町 21 番地 一番町東急ビル
株式会社 東計電算	神奈川県川崎市中原区市ノ坪 150
株式会社　エックスネット	東京都新宿区荒木町 13 番地 4　住友不動産四谷ビル 4 階
株式会社大塚商会	東京都千代田区飯田橋 2-18-4
サイボウズ株式会社	東京都文京区後楽 1-4-14 後楽森ビル 12F
ソフトブレーン株式会社	東京都中央区八重洲 2-3-1 住友信託銀行八重洲ビル 9 階
株式会社アグレックス	東京都新宿区西新宿 2 丁目 6 番 1 号 新宿住友ビル
株式会社電通国際情報サービス	東京都港区港南 2-17-1
株式会社 EM システムズ	大阪市淀川区宮原 1 丁目 6 番 1 号 新大阪ブリックビル
株式会社ウェザーニューズ	千葉県千葉市美浜区中瀬 1-3 幕張テクノガーデン
株式会社 CIJ	神奈川県横浜市西区平沼 1-2-24　横浜 NT ビル
ネットワンシステムズ株式会社	東京都千代田区丸の内二丁目 7 番 2 号　JP タワー
株式会社アルゴグラフィックス	東京都中央区日本橋箱崎町 5-14 アルゴ日本橋ビル
ソフトバンク株式会社	東京都港区東新橋 1-9-1

第3章

就職活動のはじめかた

入りたい会社は決まった。しかし「就職活動とはそもそも何をしていいのかわからない」「どんな流れで進むかわからない」という声は意外と多い。ここでは就職活動の一般的な流れや内容，対策について解説していく。

▶就職活動のスケジュール

3月	**4**月	**6**月

就職活動スタート

> 2025年卒の就活スケジュールは,経団連と政府を中心に議論され,2024年卒の採用選考スケジュールから概ね変更なしとされている。

エントリー受付・提出

OB・OG訪問

> 企業の説明会には積極的に参加しよう。独自の企業研究だけでは見えてこなかった新たな情報を得る機会であるとともに,モチベーションアップにもつながる。また,説明会に参加した者だけに配布する資料などもある。

合同企業説明会　　　個別企業説明会

筆記試験・面接試験等始まる（3月〜）

内々定(大手企業)

2月末までにやっておきたいこと

就職活動が本格化する前に,以下のことに取り組んでおこう。

◎自己分析　◎インターンシップ　◎筆記試験対策
◎業界研究・企業研究　◎学内就職ガイダンス

自分が本当にやりたいことはなにか,自分の能力を最大限に活かせる会社はどこか。自己分析と企業研究を重ね,それを文章などにして明確にしておき,面接時に最大限に活用できるようにしておこう。

※このスケジュール表は一般的なものです。本年（2019年度）の採用スケジュール表では
ありませんので，ご注意ください。

7月　　　**8月**　　　**10月**

中小企業採用本格化

内定者の数が採用予定数に満た
ない企業，1年を通して採用を継
続している企業，夏休み以降に採
用活動を実施企業（後期採用）は
採用活動を継続して行っている。
大企業でも後期採用を行っている
こともあるので，企業から内定が
出ても，納得がいかなければ継続
して就職活動を行うこともある。

中小企業の採用が本格化するのは大手
企業より少し遅いこの時期から。HP
などで採用情報をつかむとともに，企
業研究も怠らないようにしよう。

内々定とは10月1日以前に通知（電話等）
されるもの。内定に関しては現在協定があり，
10月1日以降に文書等にて通知される。

内々定（中小企業）

内定式（10月〜）

どんな人物が求められる？

多くの企業は，常識やコミュニケーション能力があり，社会のできごと
に高い関心を持っている人物を求めている。これは「会社の一員とし
て将来の企業発展に寄与してくれるか」という視点に基づく，もっとも
普遍的な選考基準だ。もちろん，「自社の志望を真剣に考えているか」
「自社の製品，サービスにどれだけの関心を向けているか」という熱
意の部分も重要な要素になる。

理論編

就活ロールプレイ！

理論編
STEP 1   就職活動のスタート

内定までの道のりは，大きく分けると以下のようになる。

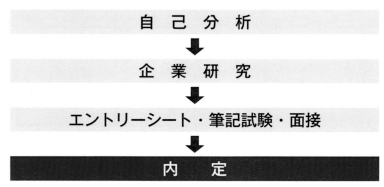

自 己 分 析

↓

企 業 研 究

↓

エントリーシート・筆記試験・面接

↓

内　　定

01 まず自己分析からスタート

　就職活動とは，「企業に自分をPRすること」。自分自身の興味，価値観に加えて，強み・能力という要素が加わって，初めて企業側に「自分が働いたら，こういうポイントで貢献できる」と自分自身を売り込むことができるようになる。

■自分の来た道を振り返る

　自己分析をするための第一歩は，「振り返ってみる」こと。

　小学校，中学校など自分のいた"場"ごとに何をしたか（部活動など），何を学んだか，交友関係はどうだったか，興味のあったこと，覚えている印象的なことを書き出してみよう。

■テストを受けてみる

　"自分では気がついていない能力"を客観的に検査してもらうことで，自分に向いている職種が見えてくる。下記の5種類が代表的なものだ。

①職業適性検査　　②知能検査　　③性格検査

④職業興味検査　　⑤創造性検査

■**先輩や専門家に相談してみる**

　就職活動をするうえでは，"いかに他人に自分のことをわかってもらうか"が重要なポイント。他者の視点で自分を分析してもらうことで，より客観的な視点で自己PRができるようになる。

自己分析の流れ

❑過去の経験を書いてみる

❑現在の自己イメージを明確にする…行動，考え方，好きなものなど。

❑他人から見た自分を明確にする

❑将来の自分を明確にしてみる…どのような生活をおくっていたいか。期待，夢，願望。なりたい自分はどういうものか，掘り下げて考える。→自己分析結果を，志望動機につなげていく。

01 企業の絞り込み

　志望企業の絞り込みについての考え方は大きく分けて2つある。

　第1は，同一業種の中で1次候補，2次候補……と絞り込んでいく方法。

　第2は，業種を1次，2次，3次候補と変えながら，それぞれに2社程度ずつ絞り込んでいく方法。

　第1の方法では，志望する同一業種の中で，一流企業，中堅企業，中小企業，縁故などがある歯止めの会社……というふうに絞り込んでいく。

　第2の方法では，自分が最も望んでいる業種，将来好きになれそうな業種，発展性のある業種，安定性のある業種，現在好況な業種……というふうに区別して，それぞれに適当な会社を絞り込んでいく。

02 情報の収集場所

- ・キャリアセンター
- ・新聞
- ・インターネット
- ・企業情報

『就職四季報』（東洋経済新報社刊），『日経会社情報』（日本経済新聞社刊）などの企業情報。この種の資料は本来"株式市場"についての資料だが，その時期の景気動向を含めた情報を仕入れることができる。

- ・経済雑誌

『ダイヤモンド』（ダイヤモンド社刊）や『東洋経済』（東洋経済新報社刊），『エコノミスト』（毎日新聞出版刊）など。

- ・OB・OG／社会人

①成長力

　まず"売上高"。次に資本力の問題や利益率などの比率。いくら資本金があっても，それを上回る膨大な借金を抱えていて，いくら稼いでも利払いに追われまくるようでは，成長できないし，安定できない。

　成長力を見るには自己資本率を割り出してみる。自己資本を総資本で割って100を掛けると自己資本率がパーセントで出てくる。自己資本の比率が高いほうが成長力もあり安定度も高い。

　利益率は純利益を売上高で割って100を掛ける。利益率が高ければ，企業はどんどん成長するし，社員の待遇も上昇する。利益率が低いということは，仕事がどんなに忙しくても利益にはつながらないということになる。

②技術力

　技術力は，短期的な見方と長期的な展望が必要になってくる。研究部門が適切な規模か，大学など企業外の研究部門との連絡があるか，先端技術の分野で開発を続けているかどうかなど。

③経営者と経営形態

　会社が将来，どのような発展をするか，または衰退するかは経営者の経営哲学，経営方針によるところが大きい。社長の経歴を知ることも必要。創始者の息子，孫といった親族が社長をしているのか，サラリーマン社長か，官庁などからの天下りかということも大切なチェックポイント。

④社風

　社風というのは先輩社員から後輩社員に伝えられ，教えられるもの。社風もいろいろな面から必ずチェックしよう。

⑤安定性

　企業が成長しているか，安定しているかということは車の両輪。どちらか片方の回転が遅くなっても企業はバランスを失う。安定し，しかも成長する。これが企業として最も理想とするところ。

⑥待遇

　初任給だけを考えてみても，それが手取りなのか，基本給なのか。基本給というのはボーナスから退職金，定期昇給の金額にまで響いてくる。また，待遇というのは給与ばかりではなく，福利厚生施設でも大きな差が出てくる。

■そのほかの会社比較の基準

1. ゆとり度

休暇制度は，企業によって独自のものを設定しているところもある。「長期休暇制度」といったものなどの制定状況と，また実際に取得できているかどうかも調べたい。

2. 独身寮や住宅設備

最近では，社宅は廃止し，住宅手当を多く出すという流れもある。寮や社宅についての福利厚生は調べておく。

3. オフィス環境

会社に根づいた慣習や社員に対する考え方が，意外にオフィスの設備やレイアウトに表れている場合がある。

たとえば，個人の専有スペースの広さや区切り方，パソコンなどOA機器の設置状況，上司と部下の机の配置など，会社によってずいぶん違うもの。玄関ロビーや受付の様子を観察するだけでも，会社ごとのカラーや特徴がどこかに見えてくる。

4. 勤務地

転勤はイヤ，どうしても特定の地域で生活していきたい。そんな声に応えて，最近は流通業などを中心に，勤務地限定の雇用制度を取り入れる企業も増えている。

---

column 初任給では分からない本当の給与

会社の給与水準には「初任給」「平均給与」「平均ボーナス」「モデル給与」など，判断材料となるいくつかのデータがある。これらのデータからその会社の給料の優劣を判断するのは非常に難しい。

たとえば中小企業の中には，初任給が飛び抜けて高い会社がときどきある。しかしその後の昇給率は大きくないのがほとんど。

一方，大手企業の初任給は業種間や企業間の差が小さく，ほとんど横並びと言っていい。そこで，「平均給与」や「平均ボーナス」などで将来の予測をするわけだが，これは一応の目安とはなるが，個人差があるので正確とは言えない。

■決定版「就職ノート」はこう作る

1冊にすべて書き込みたいという人には, ルーズリーフ形式のノートがお勧め。会社研究, スケジュール, 時事用語, OB／OG訪問, 切り抜きなどの項目を作りインデックスをつける。

カレンダー, 説明会, 試験などのスケジュール表を貼り, とくに会社別の説明会, 面談, 書類提出, 試験の日程がひと目で分かる表なども作っておく。そして見開き2ページで1社を載せ, 左ページに企業研究, 右ページには志望理由, 自己PRなどを整理する。

就職ノートの主なチェック項目

❏企業研究…資本金, 業務内容, 従業員数など基礎的な会社概要から, 過去の採用状況, 業務報告などのデータ

❏採用試験メモ…日程, 条件, 提出書類, 採用方法, 試験の傾向など

❏店舗・営業所見学メモ…流通関係, 銀行などの場合は, 客として訪問し, 商品 (値段, 使用価値, ユーザーへの配慮), 店員 (接客態度, 商品知識, 熱意, 親切度), 店舗 (ショーケース, 陳列の工夫, 店内の清潔さ) などの面をチェック

❏OB／OG訪問メモ…OB／OGの名前, 連絡先, 訪問日時, 面談場所, 質疑応答のポイント, 印象など

❏会社訪問メモ…連絡先, 人事担当者名, 会社までの交通機関, 最寄り駅からの地図, 訪問のときに得た情報や印象, 訪問にいたるまでの経過も記入

「OB／OG訪問」は，実際は採用予備選考開始。まず，OB／OG訪問を希望したら，大学のキャリアセンター，教授などの紹介で，志望企業に勤める先輩の手がかりをつかむ。もちろん直接電話なり手紙で，自分の意向を会社側に伝えてもいい。自分の在籍大学，学部をはっきり言って，「先輩を紹介していただけないでしょうか」と依頼しよう。

参考

OB／OG訪問時の質問リスト例

● **採用について**

・成績と面接の比重　　　　　　　・評価のポイント

・採用までのプロセス（日程）　　・筆記試験の傾向と対策

・面接は何回あるか　　　　　　　・コネの効力はどうか

・面接で質問される事項　etc.

● **仕事について**

・内容(入社10年, 20年のOB/OG)　・新入社員の仕事

・希望職種につけるのか　　　　　・やりがいはどうか

・残業，休日出勤，出張など　　　・同業他社と比較してどうか　etc.

● **社風について**

・社内のムード　　　　　　　　　・上司や同僚との関係

・仕事のさせ方　etc.

● **待遇について**

・給与について　　　　　　　　　・福利厚生の状態

・昇進のスピード　　　　　　　　・離職率について　etc.

06 インターンシップ

インターンシップとは，学生向けに企業が用意している「就業体験」プログラム。ここで学生はさまざまな企業の実態をより深く知ることができ，その後の就職活動において自己分析，業界研究，職種選びなどに活かすことができる。また企業側にとっても有能な学生を発掘できるというメリットがあるため，導入する企業は増えている。

インターンシップ参加が採用につながっているケースもあるため，たくさん参加してみよう。

---

column　コネを利用するのも１つの手段？

コネを活用できるのは，以下のような場合である。

・企業と大学に何らかの「連絡」がある場合

企業の新卒採用の場合，特定校・指定校が決められていることもある。企業側が過去の実績などに基づいて決めており，大学の力が大きくものをいう。

とくに理工系では，指導教授や研究室と企業との連絡が密接な場合が多く，教授の推薦が有利であることは言うまでもない。同じ大学出身の先輩とのコネも，この部類に区分できる。

・志望企業と「関係」ある人と関係がある場合

一般的に言えば，志望企業の取り引き先関係からの紹介というのが一番多い。ただし，年間億単位の実績が必要で，しかも部長・役員以上につながっていなければコネがあるとは言えない。

・志望企業と何らかの「親しい関係」がある場合

志望企業に勤務したりアルバイトをしていたことがあるという場合。インターンシップもここに分類される。職場にも馴染みがあり人間関係もできているので，就職に際してきわめて有利。

・志望会社に関係する人と「縁故」がある場合

縁故を「血縁関係」とした場合，日本企業ではこのコネはかなり有効なところもある。ただし，血縁者が同じ会社にいるというのは不都合なことも多いので，どの企業も慎重。

07 会社説明会のチェックポイント

1. 受付の様子

　受付事務がテキパキとしていて，分かりやすいかどうか。社員の態度が親切で誠意が伝わってくるかどうか。

　こういった受付の様子からでも，その会社の社員教育の程度や，新入社員採用に対する熱意とか期待を推し測ることができる。

2. 控え室の様子

　控え室が2カ所以上あって，国立大学と私立大学の訪問者とが，別々に案内されているようなことはないか。また，面談の順番を意図的に変えているようなことはないか。これはよくある例で，すでに大半は内定しているということを意味する場合が多い。

3. 社内の雰囲気

　社員の話し方，その内容を耳にはさむだけでも，社風が伝わってくる。

4. 面談の様子

　何時間も待たせたあげくに，きわめて事務的に，しかも投げやりな質問しかしないような採用担当者である場合，この会社は人事が適正に行われていないということだから，一考したほうがよい。

参考 ▶ 説明会での質問項目

・質問内容が抽象的でなく，具体性のあるものかどうか。
・質問内容は，現在の社会・経済・政治などの情況を踏まえた，
　大学生らしい高度で専門性のあるものか。
・質問をするのはいいが，「それでは，あなたの意見はどうか」と
　逆に聞かれたとき，自分なりの見解が述べられるものであるか。

　提出する書類は6種類。①〜③が大学に申請する書類，④〜⑥が自分で書く書類だ。大学に申請する書類は一度に何枚も入手しておこう。

- ①「卒業見込証明書」
- ②「成績証明書」
- ③「健康診断書」
- ④「履歴書」
- ⑤「エントリーシート」
- ⑥「会社説明会アンケート」

■自分で書く書類は「自己PR」

　第1次面接に進めるか否かは「自分で書く書類」の出来にかかっている。「履歴書」と「エントリーシート」は会社説明会に行く前に準備しておくもの。「会社説明会アンケート」は説明会の際に書き，その場で提出する書類だ。

01 履歴書とエントリーシートの違い

　Webエントリーを受け付けている企業に資料請求をすると，資料と一緒に「エントリーシート」が送られてくるので，応募サイトのフォームやメールでエントリーシートを送付する。Webエントリーを行っていない企業には，ハガキやメールで資料請求をする必要があるが，「エントリーシート」は履歴書とは異なり，企業が設定した設問に対して回答するもの。すなわちこれが「1次試験」であり，これにパスをした人だけが会社説明会に呼ばれる。

■字はていねいに

　字を書くところから，その企業に対する"本気度"は測られている。

■誤字，脱字は厳禁

　使用するのは，黒のインク。

■修正液使用は不可

■数字は算用数字

■自分の広告を作るつもりで書く

　自分はこういう人間であり，何がしたいかということを簡潔に書く。メリットになることだけで良い。自分に損になるようなことを書く必要はない。

■「やる気」を示す具体的なエピソードを

　「私はやる気があります」「私は根気があります」という抽象的な表現だけではNG。それを示すエピソードのようなものを書かなくては意味がない。

---Point---

　自己紹介欄の項目はすべて「自己PR」。自分はこういう人間であることを印象づけ，それがさらに企業への「志望動機」につながっていくような書き方をする。

column 履歴書やエントリーシートは，共通でもいい？

　「履歴書」や「エントリーシート」は企業によって書き分ける。業種はもちろん，同じ業界の企業であっても求めている人材が違うからだ。各書類は提出前にコピーを取り，さらに出した企業名を忘れずに書いておくことも大切だ。

履歴書記入のPoint

写真	スナップ写真は不可。 スーツ着用で,胸から上の物を使用する。ポイントは「清潔感」。 氏名・大学名を裏書きしておく。
日付	郵送の場合は投函する日,持参する場合は持参日の日付を記入する。
生年月日	西暦は避ける。元号を省略せずに記入する。
氏名	戸籍上の漢字を使う。印鑑押印欄があれば忘れずに押す。
住所	フリガナ欄がカタカナであればカタカナで,平仮名であれば平仮名で記載する。
学歴	最初の行の中央部に「学□□歴」と2文字程度間隔を空けて,中学校卒業から大学(卒業・卒業見込み)まで記入する。 中途退学の場合は,理由を簡潔に記載する。留年は記入する必要はない。 職歴がなければ,最終学歴の一段下の行の右隅に,「以上」と記載する。
職歴	最終学歴の一段下の行の中央部に「職□□歴」と2文字程度間隔を空け記入する。 「株式会社」や「有限会社」など,所属部門を省略しないで記入する。 「同上」や「〃」で省略しない。 最終職歴の一段下の行の右隅に,「以上」と記載する。
資格・免許	4級以下は記載しない。学習中のものも記載して良い。 「普通自動車第一種運転免許」など,省略せずに記載する。
趣味・特技	具体的に(例:読書でもジャンルや好きな作家を)記入する。
志望理由	その企業の強みや良い所を見つけ出したうえで,「自分の得意な事」がどう活かせるかなどを考えぬいたものを記入する。
自己PR	応募企業の事業内容や職種にリンクするような,自分の経験やスキルなどを記入する。
本人希望欄	面接の連絡方法,希望職種・勤務地などを記入する。「特になし」や空白はNG。
家族構成	最初に世帯主を書き,次に配偶者,それから家族を祖父母,兄弟姉妹の順に。続柄は,本人から見た間柄。兄嫁は,義姉と書く。
健康状態	「良好」が一般的。

理論編 STEP4 エントリーシートの記入

01 エントリーシートの目的

- ・応募者を，決められた採用予定者数に絞り込むこと
- ・面接時の資料にする

の2つ。

■知りたいのは職務遂行能力

採用担当者が学生を見る場合は，「こいつは与えられた仕事をこなせるかどうか」という目で見ている。企業に必要とされているのは仕事をする能力なのだ。

Point

質問に忠実に，"自分がいかにその会社の求める人材に当てはまるか"を
丁寧に答えること。

02 効果的なエントリーシートの書き方

■情報を伝える書き方

課題をよく理解していることを相手に伝えるような気持ちで書く。

■文章力

大切なのは全体のバランスが取れているか。書く前に，何をどれくらいの字数で収めるか計算しておく。

「起承転結」でいえば，「起」は，文章を起こす導入部分。「承」は，起を受けて，その提起した問題に対して承認を求める部分。「転」は，自説を展開する部分。もっともオリジナリティが要求される。「結」は，最後の締めの結論部分。文章の構成・まとめる力で，総合的な能力が高いことをアピールする。

エントリーシートでよく取り上げられる題材と，その出題意図

　エントリーシートで求められるものは，「自己PR」「志望動機」「将来どうなりたいか（目指すこと）」の3つに大別される。

1.「自己PR」

　自己分析にしたがって作成していく。重要なのは，「なぜそうしようと思ったか？」「○○をした結果，何が変わったのか？何を得たのか？」という"連続性"が分かるかどうかがポイント。

2.「志望動機」

　自己PRと一貫性を保ち，業界志望理由と企業志望理由を差別化して表現するように心がける。志望する業界の強みと弱み，志望企業の強みと弱みの把握は基本。

3.「将来の展望」

　どんな社員を目指すのか，仕事へはどう臨もうと思っているか，目標は何か，などが問われる。仕事内容を事前に把握しておくだけでなく，5年後の自分，10年後の自分など，具体的な将来像を描いておくことが大切。

表現力，理解力のチェックポイント

❏ 文法，語法が正しいかどうか
❏ 論旨が論理的で一貫しているかどうか
❏ 1センテンスが簡潔かどうか
❏ 表現が統一されているかどうか（「です，ます」調か「だ，である」調か）

01 個人面接

●自由面接法

　面接官と受験者のキャラクターやその場の雰囲気，質問と応答の進行具合などによって雑談形式で自由に進められる。

●標準面接法

　自由面接法とは逆に，質問内容や評価の基準などがあらかじめ決まっている。実際には自由面接法と併用で，おおまかな質問事項や判定基準，評価ポイントを決めておき，質疑応答の内容上の制限を緩和しておくスタイルが一般的。1次面接などでは標準面接法をとり，2次以降で自由面接法をとる企業も多い。

●非指示面接法

　受験者に自由に発言してもらい，面接官は話題を引き出したりするときなど，最小限の質問をするという方法。

●圧迫面接法

　わざと受験者の精神状態を緊張させ，受験者がどのような応答をするかを観察し，判定する。受験者は，冷静に対応することが肝心。

02 集団面接

　面接の方法は個人面接と大差ないが，面接官がひとつの質問をして，受験者が順にそれに答えるという方法と，面接官が司会役になって，座談会のような形式で進める方法とがある。

　座談会のようなスタイルでの面接は，なるべく受験者全員が関心をもっているような話題を取りあげ，意見を述べさせるという方法。この際，司会役以外の面接官は一言も発言せず，判定・評価に専念する。

03 グループディスカッション

　グループディスカッション（以下，GD）の時間は30〜60分程度，1グループの人数は5〜10人程度で，司会は面接官が行う場合や，時間を決めて学生が交替で行うことが多い。面接官は内容については特に指示することはなく，受験者がどのようにGDを進めるかを観察する。

　評価のポイントは，全体的には理解力，表現力，指導性，積極性，協調性など，個別的には性格，知識，適性などが観察される。

　GDの特色は，集団の中での個人ということで，受験者の能力がどの程度のものであるか，また，どのようなことに向いているかを判定できること。受験者は，グループの中における自分の位置を面接官に印象づけることが大切だ。

グループディスカッション方式の面接におけるチェックポイント

- ❑全体の中で適切な論点を提供できているかどうか。
- ❑問題解決に役立つ知識を持っているか，また提供できているかどうか。
- ❑もつれた議論を解きほぐし，的はずれの議論を元に引き戻す努力をしているかどうか。
- ❑グループ全体としての目標をいつも考えているかどうか。
- ❑感情的な対立や攻撃をしかけているようなことはないか。
- ❑他人の意見に耳を傾け，よい意見には賛意を表し，それを全体に推し広げようという寛大さがあるかどうか。
- ❑議論の流れを自然にリードするような主導性を持っているかどうか。
- ❑提出した意見が議論の進行に大きな影響を与えているかどうか。

04 面接時の注意点

●控え室

　控え室には，指定された時間の15分前には入室しよう。そこで担当の係から，面接に際しての注意点や手順の説明が行われるので，疑問点は積極的に聞くようにし，心おきなく面接にのぞめるようにしておこう。会社によっては，所定のカードに必要事項を書き込ませたり，お互いに自己紹介をさせたりする場合もある。また，この控え室での行動も細かくチェックして，合否の資料にしている会社もある。

●入室・面接開始

　係員がドアの開閉をしてくれる場合もあるが，それ以外は軽くノックして入室し，必ずドアを閉める。そして入口近くで軽く一礼し，面接官か補助員の「どうぞ」という指示で正面の席に進み，ここで再び一礼をする。そして，学校名と氏名を名のって静かに着席する。着席時は，軽く椅子にかけるようにする。

●面接終了と退室

　面接の終了が告げられたら，椅子から立ち上がって一礼し，椅子をもとに戻して，面接官または係員の指示を受けて退室する。

　その際も，ドアの前で面接官のほうを向いて頭を下げ，静かにドアを開閉する。控え室に戻ったら，係員の指示を受けて退社する。

05 面接試験の評定基準

●協調性

　企業という「集団」では，他人との協調性が特に重視される。

　感情や態度が円満で調和がとれていること，極端に好悪の情が激しくなく，物事の見方や考え方が穏健で中立であることなど，職場での人間関係を円滑に進めていくことのできる人物かどうかが評価される。

●話し方

　外観印象的には，言語の明瞭さや応答の態度そのものがチェックされる。小さな声で自信のない発言，乱暴野卑な発言は減点になる。

　考えをまとめたら，言葉を選んで話すくらいの余裕をもって，真剣に応答しようとする姿勢が重視される。軽率な応答をしたり，まして発言に矛盾を指摘されるような事態は極力避け，もしそのような状況になりそうなときは，自分の非を認めてはっきりと謝るような態度を示すべき。

●好感度

　実社会においては，外観による第一印象が，人間関係や取引に大きく影響を及ぼす。

　「フレッシュな爽やかさ」に加え，入社志望など，自分の意思や希望をより明確にすることで，強い信念に裏づけられた姿勢をアピールできるよう努力したい。

●判断力

何を質問されているのか，何を答えようとしているのか，常に冷静に判断していく必要がある。

●表現力

話に筋道が通り理路整然としているか，言いたいことが簡潔に言えるか，話し方に抑揚があり聞く者に感銘を与えるか，用語が適切でボキャブラリーが豊富かどうか。

●積極性

活動意欲があり，研究心旺盛であること，進んで物事に取り組み，創造的に解決しようとする意欲が感じられること，話し方にファイトや情熱が感じられること，など。

●計画性

見通しをもって順序よく合理的に仕事をする性格かどうか，またその能力の有無。企業の将来性のなかに，自分の将来をどうかみ合わせていこうとしているか，現在の自分を出発点として，何を考え，どんな仕事をしたいのか。

●安定性

情緒の安定は，社会生活に欠くことのできない要素。自分自身をよく知っているか，他の人に流されない信念をもっているか。

●誠実性

自分に対して忠実であろうとしているか，物事に対してどれだけ誠実な考え方をしているか。

●社会性

企業は集団活動なので，自分の考えに固執したり，不平不満が多い性格は向かない。柔軟で適応性があるかどうか。

清潔感や明朗さ，若々しさといった外観面も重視される。

06 面接試験の質問内容

1. 志望動機

受験先の概要や事業内容はしっかりと頭の中に入れておく。また，その企業の企業活動の社会的意義と，自分自身の志望動機との関連を明確にしておく。「安定している」「知名度がある」「将来性がある」といった利己的な動機，「自

分の性格に合っている」というような，あいまいな動機では説得力がない。安定性や将来性は，具体的にどのような企業努力によって支えられているのかという考察も必要だし，それに対する受験者自身の評価や共感なども問われる。

①どうしてその業種なのか

②どうしてその企業なのか

③どうしてその職種なのか

以上の①～③と，自分の性格や資質，専門などとの関連性を説明できるようにしておく。

自分がどうしてその会社を選んだのか，どこに大きな魅力を感じたのかを，できるだけ具体的に，情熱をもって語ることが重要。自分の長所と仕事の適性を結びつけてアピールし，仕事のやりがいや仕事に対する興味を述べるのもよい。

■複数の企業を受験していることは言ってもいい？

同じ職種，同じ業種で何社かかけもちしている場合，正直に答えてもかまわない。しかし，「第一志望はどこですか」というような質問に対して，正直に答えるべきかどうかというと，やはりこれは疑問がある。どんな会社でも，他社を第一志望にあげられれば，やはり愉快には思わない。

また，職種や業種の異なる会社をいくつか受験する場合も同様で，極端に性格の違う会社をあげれば，その矛盾を突かれるのは必至だ。

2. 仕事に対する意識・職業観

採用試験の段階では，次年度の配属予定が具体的に固まっていない会社もかなりある。具体的に職種や部署などを細分化して募集している場合は別だが，そうでない場合は，希望職種をあまり狭く限定しないほうが賢明。どの業界においても，採用後，新入社員には，研修としてその会社の各セクションをひと通り経験させる企業は珍しくない。そのうえで，具体的な配属計画を検討するのだ。

大切なことは，就職や職業というものを，自分自身の生き方の中にどう位置づけるか，また，自分の生活の中で仕事とはどういう役割を果たすのかを考えてみること。つまり自分の能力を活かしたい，社会に貢献したい，自分の存在価値を社会的に実現してみたい，ある分野で何か自分の力を試してみたい……，などの場合を考え，それを自分自身の人生観，志望職種や業種などとの関係を考えて組み立ててみる。自分の人生観をもとに，それを自分の言葉で表現できるようにすることが大切。

3. 自己紹介・自己PR

性格そのものを簡単に変えたり，欠点を克服したりすることは実際には難しいが，"仕方がない"という姿勢を見せることは禁物で，どんなささいなことでも，努力している面をアピールする。また一般的にいって，専門職を除けば，就職時になんらかの資格や技能を要求する企業は少ない。

ただ，資格をもっていれば採用に有利とは限らないが，専門性を要する業種では考慮の対象とされるものもある。たとえば英検，簿記など。

企業が学生に要求しているのは，4年間の勉学を重ねた学生が，どのように仕事に有用であるかということで，学生の知識や学問そのものを聞くのが目的ではない。あくまで，社会人予備軍としての謙虚さと素直さを失わないようにする。

知識や学力よりも，その人の人間性，ビジネスマンとしての可能性を重視するからこそ，面接担当者は，学生生活全般について尋ねることで，書類だけでは分からない人間性を探ろうとする。

何かうち込んだものや思い出に残る経験などは，その人の人間的な成長になんらかの作用を及ぼしているものだ。どんな経験であっても，そこから受けた印象や教訓などは，明確に答えられるようにしておきたい。

4. 一般常識・時事問題

一般常識・時事問題については筆記試験の分野に属するが，面接でこうしたテーマがもち出されることも珍しくない。受験者がどれだけ社会問題に関心をもっているか，一般常識をもっているか，また物事の見方・考え方に偏りがないかなどを判定する。知識や教養だけではなく，一問一答の応答を通じて，その人の性格や適応能力まで判断されることになる。

07 面接に向けての事前準備

■面接試験1カ月前までには万全の準備をととのえる

●志望会社・職種の研究

新聞の経済欄や経済雑誌などのほか，会社年鑑，株式情報など書物による研究をしたり，インターネットにあがっている企業情報や，検索によりさまざまな角度から調べる。すでにその会社へ就職している先輩や知人に会って知識を得たり，大学のキャリアセンターへ情報を求めるなどして総合的に判断する。

■専攻科目の知識・卒論のテーマなどの整理

大学時代にどれだけ勉強してきたか，専攻科目や卒論のテーマなどを整理しておく。

■時事問題に対する準備

毎日欠かさず新聞を読む。志望する企業の話題は，就職ノートに整理するなどもアリ。

面接当日の必需品

- ❏ 必要書類（履歴書，卒業見込証明書，成績証明書，健康診断書，推薦状）
- ❏ 学生証
- ❏ 就職ノート（志望企業ファイル）
- ❏ 印鑑，朱肉
- ❏ 筆記用具（万年筆，ボールペン，サインペン，シャープペンなど）
- ❏ 手帳，ノート
- ❏ 地図（訪問先までの交通機関などをチェックしておく）
- ❏ 現金（小銭も用意しておく）
- ❏ 腕時計（オーソドックスなデザインのもの）
- ❏ ハンカチ，ティッシュペーパー
- ❏ くし，鏡（女性は化粧品セット）
- ❏ シューズクリーナー
- ❏ ストッキング
- ❏ 折りたたみ傘（天気予報をチェックしておく）
- ❏ 携帯電話，充電器

理論編
STEP**6** 　筆記試験の種類

■一般常識試験

社会人として企業活動を行ううえで最低限必要となる一般常識のほか，
英語，国語，社会(時事問題)，数学などの知識の程度を確認するもの。

　難易度はおおむね中学・高校の教科書レベル。一般常識の問題集を1冊やっておけばよいが，業界によっては専門分野が出題されることもあるため，必ず志望する企業のこれまでの試験内容は調べておく。

■一般常識試験の対策

・**英語**　慣れておくためにも，教科書を復習する，英字新聞を読むなど。

・**国語**　漢字，四字熟語，反対語，同音異義語，ことわざをチェック。

・**時事問題**　新聞や雑誌，テレビ，ネットニュースなどアンテナを張っておく。

■適性検査

　SPI（Synthetic Personality Inventory）試験（SPI3試験）とも呼ばれ，能力テストと性格テストを合わせたもの。

　能力テストでは国語能力を測る「言語問題」と，数学能力を測る「非言語問題」がある。言語的能力，知覚能力，数的能力のほか，思考・推理能力，記憶力，注意力などの問題で構成されている。

　性格テストは「はい」か「いいえ」で答えていく。仕事上の適性と性格の傾向などが一致しているかどうかをみる。

SPIは職務への適応性を客観的にみるためのもの。

01 「論文」と「作文」

　一般に「論文」はあるテーマについて自分の意見を述べ，その論証をする文章で，必ず意見の主張とその論証という2つの部分で構成される。問題提起と論旨の展開，そして結論を書く。

　「作文」は，一般的には感想文に近いテーマ，たとえば「私の興味」「将来の夢」といったものがある。

　就職試験では「論文」と「作文」を合わせた"論作文"とでもいうようなものが出題されることが多い。

　論作文試験とは，「文章による面接」。テーマに書き手がどういう態度を持っているかを知ることが，出題の主な目的だ。受験者の知識・教養・人生観・社会観・職業観，そして将来への希望などが，どのような思考を経て，どう表現されているかによって，企業にとって，必要な人物かどうかを判断している。

　論作文の場合には，書き手の社会的意識や考え方に加え，「感銘を与える」働きが要求される。就職活動とは，企業に対し「自分をアピールすること」だということを常に念頭に置いておきたい。

Point

論文と作文の違い

	論　文	作　文
テーマ	学術的・社会的・国際的なテーマ。時事，経済問題など	個人的・主観的なテーマ。人生観，職業観など
表現	自分の意見や主張を明確に述べる。	自分の感想を述べる。
展開	四段型（起承転結）の展開が多い。	三段型（はじめに・本文・結び）の展開が多い。
文体	「だ調・である調」のスタイルが多い。	「です調・ます調」のスタイルが多い。

02 採点のポイント

・テーマ

与えられた課題（テーマ）を，受験者はどのように理解しているか。

出題されたテーマの意義をよく考え，それに対する自分の意見や感情が，十分に整理されているかどうか。

・表現力

課題について本人が感じたり，考えたりしたことを，文章で的確に表しているか。

・字・用語・その他

かなづかいや送りがなが合っているか，文中で引用されている格言やことわざの類が使用法を間違えていないか，さらに誤字・脱字に至るまで，文章の基本的な力が受験者の人柄ともからんで厳密に判定される。

・オリジナリティ

魅力がある文章とは，オリジナリティを率直に出すこと。自分の感情や意見を，自分の言葉で表現する。

・生活態度

文章は，書き手の人格や人柄を映し出す。平素の社会的関心や他人との協調性，趣味や読書傾向はどうであるかといった，受験者の日常における生き方，生活態度がみられる。

・字の上手・下手

できるだけ読みやすい字を書く努力をする。また，制限字数より文章が長くなって原稿用紙の上下や左右の空欄に書き足したりすることは避ける。消しゴムで消す場合にも，丁寧に。

いずれの場合でも，表面的な文章力を問うているのではなく，受験者の人柄のほうを重視している。

実践編 マナーチェックリスト

就活において企業の人事担当は，面接試験やOG／OB訪問，そして面接試験において，あなたのマナーや言葉遣いといった，「常識力」をチェックしている。現在の自分はどのくらい「常識力」が身についているかをチェックリストで振りかえり，何ができて，何ができていないかを明確にしたうえで，今後の取り組みに生かしていこう。

評価基準　5：大変良い　4：やや良い　3：どちらともいえない　2：やや悪い　1：悪い

	項　目	評価	メ　モ
挨拶	明るい笑顔と声で挨拶をしているか		
	相手を見て挨拶をしているか		
	相手より先に挨拶をしているか		
	お辞儀を伴った挨拶をしているか		
	直接の応対者でなくても挨拶をしているか		
表情	笑顔で応対しているか		
	表情に私的感情がでていないか		
	話しかけやすい表情をしているか		
	相手の話は真剣な顔で聞いているか		
身だしなみ	前髪は目にかかっていないか		
	髪型は乱れていないか／長い髪はまとめているか		
	髭の剃り残しはないか／化粧は健康的か		
	服は汚れていないか／清潔に手入れされているか		
	機能的で職業・立場に相応しい服装をしているか		
	華美なアクセサリーはつけていないか		
	爪は伸びていないか		
	靴下の色は適当か／ストッキングの色は自然な肌色か		
	靴の手入れは行き届いているか		
	ポケットに物を詰めすぎていないか		

	項　目	評　価	メ　モ
言葉遣い	専門用語を使わず，相手にわかる言葉で話しているか		
	状況や相手に相応しい敬語を正しく使っているか		
	相手の聞き取りやすい音量・速度で話しているか		
	語尾まで丁寧に話しているか		
	気になる言葉癖はないか		
動作	物の授受は両手で丁寧に実施しているか		
	案内・指し示し動作は適切か		
	キビキビとした動作を心がけているか		
心構え	勤務時間・指定時間の５分前には準備が完了しているか		
	心身ともに健康管理をしているか		
	仕事とプライベートの切替えができているか		

☑ 常に自己点検をするクセをつけよう

「人を表情やしぐさ，身だしなみなどの見かけで判断してはいけない」と一般にいわれている。確かに，人の個性は見かけだけではなく，内面においても見いだされるもの。しかし，私たちは人を第一印象である程度決めてしまう傾向がある。それが面接試験など初対面の場合であればなおさらだ。したがって，チェックリストにあるような挨拶，表情，身だしなみ等に注意して面接試験に臨むことはとても重要だ。ただ，これらは面接試験前にちょっと対策したからといって身につくようなものではない。付け焼き刃的な対策をして面接試験に臨んでも，面接官はあっという間に見抜いてしまう。日頃からチェックリストにあるような項目を意識しながら行動することが大事であり，そうすることで，最初はぎこちない挨拶や表情等も，その人の個性に応じたすばらしい所作へ変わっていくことができるのだ。さっそく，本日から実行してみよう。

面接試験において，印象を決定づける表情はとても大事。

どのようにすれば感じのいい表情ができるのか，ポイントを確認していこう。

明るく,温和で 柔らかな表情をつくろう

人間関係の潤滑油

表情に関しては，まずは豊かである
ということがベースになってくる。う
れしい表情，困った表情，驚いた表
情など，さまざまな気持ちを表現で
きるということが，人間関係を潤いの
あるものにしていく。

Point

表情はコミュニケーションの大前提。相手に「いつでも話しかけてくださ
いね」という無言の言葉を発しているのが，就活に求められる表情だ。面接
官が安心してコミュニケーションをとろうと思ってくれる表情。それが，明
るく，温和で柔らかな表情となる。

いますぐデキる
カンタンTraining

Training 01

喜怒哀楽を表してみよう

- ・人との出会いを楽しいと思うことが表情の基本
- ・表情を豊かにする大前提は相手の気持ちに寄り添うこと
- ・目元・口元だけでなく，眉の動きを意識することが大事

Training 02

表情筋のストレッチをしよう

- ・表情筋は「ウイスキー」の発音によって鍛える
- ・意識して毎日，取り組んでみよう
- ・笑顔の共有によって相手との距離が縮まっていく

コミュニケーションは挨拶から始まり，その挨拶ひとつで印象は変わるもの。
ポイントを確認していこう。

丁寧にしっかりと
はっきり挨拶をしよう

人間関係の第一歩

挨拶は心を開いて，相手に近づくコミュニケーションの第一歩。たかが挨拶，されど挨拶の重要性をわきまえて，きちんとした挨拶をしよう。形，つまり"技"も大事だが，心をこめることが最も重要だ。

Point

　挨拶はコミュニケーションの第一歩。相手が挨拶するのを待っているのは望ましくない。挨拶の際のポイントは丁寧であることと，はっきり声に出すことの2つ。丁寧な挨拶は，相手を大事にして迎えている気持ちの表れとなる。はっきり声に出すことで，これもきちんと相手を迎えていることが伝わる。また，相手もその応答として挨拶してくれることで，会ってすぐに双方向のコミュニケーションが成立する。

いますぐデキる
カンタンTraining

Training **01**

3つのお辞儀をマスターしよう

① 会釈（15度）　　② 敬礼（30度）　　③ 最敬礼（45度）

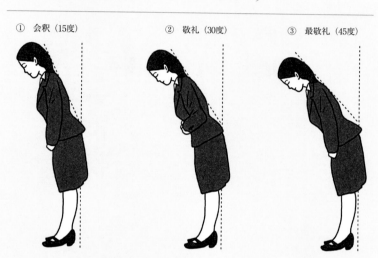

- 息を吸うことを意識してお辞儀をするとキレイな姿勢に
- 目線は真下ではなく，床前方1.5m先ぐらいを見よう
- 相手への敬意を忘れずに

Training **02**

対面時は言葉が先，お辞儀が後

- 相手に体を向けて先に自ら挨拶をする
- 挨拶時，相手とアイコンタクトを
  しっかり取ろう
- 挨拶の後に，お辞儀をする。
  これを「語先後礼」という

コミュニケーションは「話す」よりも「聞く」ことといわれる。相手が話しやすい聞き方の，ポイントを確認しよう。

受容の立場で
傾聴しよう

相手の話を受けとめる

話を聞くときは，やや前に傾く姿勢をとる。表情と姿勢が合わさることにより，話し手の心が開き「あれも，これも話そう」という気持ちになっていく。また，「はい」と一度のお辞儀で頷くと相手の話を受け止めているというメッセージにつながる。

Point

話をすること，話を聞いてもらうことは誰にとってもプレッシャーを伴うもの。そのため，「何でも話して良いんですよ」「何でも話を聞きますよ」「心配しなくて良いんですよ」という気持ちで聞くことが大切になる。その気持ちが聞く姿勢に表れれば，相手は安心して話してくれる。

いますぐデキる
カンタンTraining

Training 01
頷きは一度で

- 相手が話した後に「はい」と一言発する
- 頷きすぎは逆効果

Training 02
目線は自然に

- 鼻の付け根あたりを見ると自然な印象に
- 目を見つめすぎるのはNG

Training 03
話の句読点で視線を移す

- 視線は話している人を見ることが基本
- 複数の人の話を聞くときは句読点を意識し,視線を振り分けることで聞く姿勢を表す

自分の意思を相手に明確に伝えるためには，話し方が重要となる。はっきりと的確に話すためのポイントを確認しよう。

明るい発声を
心がけよう

ボリュームを意識して

話すときのポイントとしては，ボリュームを意識することが挙げられる。会議室の一番奥にいる人に声が届くように意識することで，声のボリュームはコントロールされていく。

Point

　コミュニケーションとは「伝達」すること。どのようなことも，適当に伝えるのではなく，伝えるべきことがきちんと相手に届くことが大切になる。そのためには，はっきりと，分かりやすく，丁寧に，心を込めて話すこと。言葉だけでなく，表情やジェスチャーを加えることも有効。

いますぐデキる
カンタンTraining

Training 01
腹式呼吸で発声練習

- 「あえいうえおあお」と発声する
- 腹式呼吸は，胸部をなるべく動かさ ずに，息を吸うときにお腹や腰が膨 らむよう意識する呼吸法

Training 02
早口言葉にチャレンジ

おあやや
母親に
お謝り

- 「おあやや，母親に，お謝り」と早口で
- 口がすぼまった「お」と口が開いた 「あ」の発音に，変化をつけられる かがポイント

Training 03
ジェスチャーを有効活用

- 腰より上でジェスチャーをする
- 体から離した位置に手をもっていく
- ジェスチャーをしたら戻すところを さだめておく

身だしなみはその人自身を表すもの。身だしなみの基本について，ポイントを
確認しよう。

清潔感,さわやかさを
醸し出せるようにしよう

**プロの企業人に
ふさわしい身だしなみを**

信頼感，安心感をもたれる身だしな
みを考えよう。TPOに合わせた服装は，
すなわち"礼"を表している。そして，
身だしなみには，「清潔感」，「品のよさ」，
「控え目である」という，3つのポイ
ントがある。

Point

相手との心理的な距離や物理的な距離が遠ければ，コミュニケーションは
成立しにくくなる。見た目が不潔では誰も近付いてこない。身だしなみが
清潔であること，爽やかであることは相手との距離を縮めることにも繋がる。

いますぐデキる
カンタンTraining

Training 01

髪型，服装を整えよう

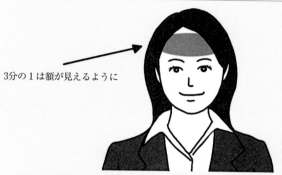

3分の1は額が見えるように

- 男性も女性も眉が見える髪型が望ましい。3分の1は額が見えるように。額は知性と清潔感を伝える場所。男性の髪の長さは耳や襟にかからないように
- スーツで相手の前に立つときは，ボタンはすべて留める。男性の場合は下のボタンは外す

Training 02

おしゃれとの違いを明確に

- 爪はできるだけ切りそろえる
- 爪の中の汚れにも注意
- ジェルネイル，ネイルアートはNG

Training 03

足元にも気を配って

- 女性の場合はパンプス，男性の場合は黒の紐靴が望ましい
- 靴はこまめに汚れを落とし見栄えよく

● 情報提供のお願い ●

　就職活動研究会では，就職活動に関する情報を募集しています。

　エントリーシートやグループディスカッション，面接，筆記試験の内容等について情報をお寄せください。ご応募はメールアドレス（edit@kyodo-s.jp）へお願いいたします。お送りくださいました方々には薄謝をさしあげます。

　ご協力よろしくお願いいたします。

会社別就活ハンドブックシリーズ

KDDIの
就活ハンドブック

編　者	就職活動研究会
発　行	令和6年2月25日
発行者	小貫輝雄
発行所	協同出版株式会社

〒 101 − 0054
東京都千代田区神田錦町2−5
電話　03 − 3295 − 1341
振替　東京00190 − 4 − 94061

印刷所　協同出版・POD工場

落丁・乱丁はお取り替えいたします

●2025年度版●
会社別就活ハンドブックシリーズ

【全111点】

運　輸

東日本旅客鉄道の就活ハンドブック	小田急電鉄の就活ハンドブック
東海旅客鉄道の就活ハンドブック	阪急阪神 HD の就活ハンドブック
西日本旅客鉄道の就活ハンドブック	商船三井の就活ハンドブック
東京地下鉄の就活ハンドブック	日本郵船の就活ハンドブック

機　械

三菱重工業の就活ハンドブック	浜松ホトニクスの就活ハンドブック
川崎重工業の就活ハンドブック	村田製作所の就活ハンドブック
IHI の就活ハンドブック	クボタの就活ハンドブック
島津製作所の就活ハンドブック	

金　融

三菱 UFJ 銀行の就活ハンドブック	野村證券の就活ハンドブック
三菱 UFJ 信託銀行の就活ハンドブック	りそなグループの就活ハンドブック
みずほ FG の就活ハンドブック	ふくおか FG の就活ハンドブック
三井住友銀行の就活ハンドブック	日本政策投資銀行の就活ハンドブック
三井住友信託銀行の就活ハンドブック	

建設・不動産

三菱地所の就活ハンドブック	鹿島建設の就活ハンドブック
三井不動産の就活ハンドブック	大成建設の就活ハンドブック
積水ハウスの就活ハンドブック	清水建設の就活ハンドブック
大和ハウス工業の就活ハンドブック	

資源・素材

旭旭化成グループの就活ハンドブック	関西電力の就活ハンドブック
東レの就活ハンドブック	日本製鉄の就活ハンドブック
ワコールの就活ハンドブック	中部電力の就活ハンドブック

九州電力の就活ハンドブック

自動車

トヨタ自動車の就活ハンドブック

デンソーの就活ハンドブック

本田技研工業の就活ハンドブック

日産自動車の就活ハンドブック

商　社

三菱商事の就活ハンドブック

伊藤忠商事の就活ハンドブック

住友商事の就活ハンドブック

双日の就活ハンドブック

丸紅の就活ハンドブック

豊田通商の就活ハンドブック

三井物産の就活ハンドブック

情報通信・IT

NTT データの就活ハンドブック

サイバーエージェントの就活ハンドブック

NTT ドコモの就活ハンドブック

LINE ヤフーの就活ハンドブック

野村総合研究所の就活ハンドブック

SCSK の就活ハンドブック

日本電信電話の就活ハンドブック

富士ソフトの就活ハンドブック

KDDI の就活ハンドブック

日本オラクルの就活ハンドブック

ソフトバンクの就活ハンドブック

GMO インターネットグループ

楽天の就活ハンドブック

オービックの就活ハンドブック

mixi の就活ハンドブック

DTS の就活ハンドブック

グリーの就活ハンドブック

TIS の就活ハンドブック

食品・飲料

サントリー HD の就活ハンドブック

日本たばこ産業 の就活ハンドブック

味の素の就活ハンドブック

日清食品グループの就活ハンドブック

キリン HD の就活ハンドブック

山崎製パンの就活ハンドブック

アサヒグループ HD の就活ハンドブック

キユーピーの就活ハンドブック

生活用品

資生堂の就活ハンドブック

武田薬品工業の就活ハンドブック

花王の就活ハンドブック

電気機器

三菱電機の就活ハンドブック	パナソニックの就活ハンドブック
ダイキン工業の就活ハンドブック	富士通の就活ハンドブック
ソニーの就活ハンドブック	キヤノンの就活ハンドブック
日立製作所の就活ハンドブック	京セラの就活ハンドブック
ＮＥＣの就活ハンドブック	オムロンの就活ハンドブック
富士フイルム HD の就活ハンドブック	キーエンスの就活ハンドブック

保　　険

東京海上日動火災保険の就活ハンドブック	三井住友海上火災保険の就活ハンドブック
第一生命ホールディングスの就活ハンドブック	損保ジャパンの就活ハンドブック

メディア

日本印刷の就活ハンドブック	エイベックスの就活ハンドブック
博報堂 DY の就活ハンドブック	東宝の就活ハンドブック
TOPPAN ホールディングスの就活ハンドブック	

流通・小売

ニトリ HD の就活ハンドブック	ZOZO の就活ハンドブック
イオンの就活ハンドブック	

エンタメ・レジャー

オリエンタルランドの就活ハンドブック	任天堂の就活ハンドブック
アシックスの就活ハンドブック	カプコンの就活ハンドブック
バンダイナムコ HD の就活ハンドブック	セガサミー HD の就活ハンドブック
コナミグループの就活ハンドブック	タカラトミーの就活ハンドブック
スクウェア・エニックス HD の就活ハンドブック	

▼会社別就活ハンドブックシリーズにつきましては，協同出版
のホームページからもご注文ができます。詳細は下記のサイ
トでご確認下さい。
https://kyodo-s.jp/examination_company